*

So gebe ich dir denn
die Schlüssel des Reiches der Himmel

(Matthäus 16, 19)

*

Denn wir
sind Teilhaber des Christus geworden.
Wenn wir die anfängliche Zuversicht
bis zum Ende standhaft festhalten.

(Hebräer 3, 14)

*

Die Heilungswunder Jesu

Heilungswunder der Apostel

und eine Botschaft an die Gläubigen

Übersetzung nach
Hermann Menge

Bibliografische Information der Deutschen Nationalbibliothek:
Die Deutsche Nationalbibliothek verzeichnet diese Publikation in der Deutschen Nationalbibliografie; detaillierte bibliografische Daten sind im Internet über http://dnb.dnb.de abrufbar.

TWENTYSIX – Der Self-Publishing-Verlag
Eine Kooperation zwischen der Verlagsgruppe Random House und BoD – Books on Demand

Herstellung und Verlag:
BoD – Books on Demand, Norderstedt

ISBN: 978-3-740-76938-3

Übersetzung: **Hermann Menge**

Layout, Schriftsatz, Formatierung:
Antonia Katharina Tessnow
www.antonia-katharina.de

Leitfaden

Wahrlich, wahrlich ich sage euch:
Wer an mich glaubt,
wird die Werke,
die ich tue,
auch vollbringen.

(Johannes 14, 12)

Wer ist Jesus?

Johannes 1, 1 – 41

Im Anfang war das Wort, und das Wort war bei Gott, und Gott war das Wort. Dieses war im Anfang bei Gott. Alle Dinge sind durch dieses (Wort) geworden, und ohne dieses ist nichts geworden (von allem), was geworden ist.

In ihm war Leben, und das Leben war das Licht der Menschen. Und das Licht leuchtet in der Finsternis, doch die Finsternis hat es nicht ergriffen.

Es trat ein Mann auf, von Gott gesandt, sein Name war Johannes; dieser kam, um Zeugnis abzulegen, Zeugnis von dem Licht, damit alle durch ihn zum Glauben kämen. Er war nicht selbst das Licht, sondern Zeugnis sollte er von dem Licht ablegen.

Das Licht war da, das wahre, das jeden Menschen erleuchtet, es kam gerade in die Welt; es war in der Welt, und die Welt war durch ihn (der das Licht war) geschaffen worden, doch die Welt erkannte ihn nicht.

Er kam in das Seine, doch die Seinen nahmen ihn nicht auf; allen aber, die ihn annahmen, verlieh er das Anrecht, Kinder Gottes zu werden, nämlich denen, die an seinen Namen glauben, die nicht durch Geblüt oder durch den

Naturtrieb des Fleisches, auch nicht durch den Willen eines Mannes, sondern aus Gott gezeugt sind.

Und das Wort wurde Fleisch und nahm seine Wohnung unter uns, und wir haben seine Herrlichkeit geschaut, eine Herrlichkeit, wie sie dem eingeborenen Sohne vom Vater verliehen wird; eine mit Gnade und Wahrheit erfüllte.

Johannes legt Zeugnis von ihm ab und hat laut verkündet: 'Dieser war es, von dem ich gesagt habe: ›Der nach mir kommt, ist (schon) vor mir gewesen, denn er war eher als ich.‹'

Aus seiner Fülle haben wir ja alle empfangen, und zwar Gnade über Gnade. Denn das Gesetz ist durch Mose gegeben worden, aber die Gnade und die Wahrheit sind durch Jesus Christus geworden.

Niemand hat Gott jemals gesehen: der eingeborene Sohn, der an des Vaters Brust liegt, der hat Kunde (von ihm) gebracht.

Dies ist nun das Zeugnis des Johannes, als die Juden aus Jerusalem Priester und Leviten zu ihm sandten, die ihn fragen sollten, wer er sei. Da bekannte er unverhohlen und erklärte offen: 'Ich bin nicht Christus.'

Sie fragten ihn weiter: 'Was denn? Bist du Elia?'

Er sagte: 'Nein, ich bin es nicht.'

'Bist du der Prophet?'

Er antwortete: 'Nein.'

Da sagten sie zu ihm: 'Wer bist du denn? Wir müssen doch denen, die uns gesandt haben, eine Antwort bringen! Wofür gibst du selbst dich aus?'

Da antwortete er: 'Ich bin die Stimme dessen, der in der Wüste ruft: ›Ebnet dem Herrn den Weg‹, wie der Prophet Jesaja geboten hat.' (1)

Die Gesandten aber gehörten zu den Pharisäern und fragten ihn weiter: 'Warum taufst du denn, wenn du weder Christus noch Elia, noch der Prophet bist?'

Da antwortete Johannes ihnen: 'Ich taufe nur mit Wasser; aber mitten unter euch steht der, den ihr nicht kennt, der nach mir kommt und für den ich nicht gut genug bin, ihm den Riemen seines Schuhwerks aufzubinden.'

Dies ist in Bethanien geschehen jenseits des Jordans, wo Johannes sich aufhielt und taufte. Am folgenden Tage sah er Jesus auf sich zukommen; da sagte er: 'Seht, das Lamm Gottes, das die Sünde der Welt hinwegnimmt! (2) Dieser ist's, von dem ich gesagt habe: ›Nach mir kommt ein Mann, der (schon) vor mir gewesen ist; denn er war eher da als ich.‹ Ich selbst kannte ihn nicht; aber damit er Israel offenbart würde, deshalb bin ich gekommen, ich mit meiner Wassertaufe.'

Weiter legte Johannes Zeugnis ab mit den Worten: 'Ich habe gesehen, daß der Geist wie eine Taube aus dem Himmel herabschwebte und auf ihm blieb; und ich selbst kannte ihn nicht, aber der, welcher mich gesandt hat, um mit Wasser zu taufen, der hat zu mir gesagt: ›Auf welchen du den Geist herabschweben und auf ihm bleiben siehst, der ist's, der mit heiligem Geiste tauft.‹ Nun habe ich selbst es auch gesehen und bezeugt, daß dieser der Sohn Gottes ist.'

Am folgenden Tage stand Johannes wieder da mit zweien seiner Jünger, und indem er den Blick auf Jesus richtete, der dort umherging, sagte er: 'Seht, das Lamm Gottes!'

Als die beiden Jünger ihn das sagen hörten, gingen sie hinter Jesus her; dieser wandte sich um, und als er sie hinter sich herkommen sah, fragte er sie: 'Was sucht ihr?'

Sie antworteten ihm: 'Rabbi' – das heißt übersetzt ›Meister‹ – 'wo hast du deine Herberge?'

Er antwortete ihnen: 'Kommt mit, so werdet ihr es sehen!'

Sie gingen also mit und sahen, wo er seine Herberge hatte, und blieben jenen ganzen Tag bei ihm; es war um die zehnte Stunde. Andreas, der Bruder des Simon Petrus, war einer von den beiden, die es von Johannes gehört hatten und hinter Jesus hergegangen waren. Dieser traf zuerst seinen Bruder Simon und sagte zu ihm: 'Wir haben den Messias' – das heißt übersetzt ›den Gesalbten‹ – 'gefunden.'

Heilung eines Besessenen
in der Synagoge in Kapernaum

Markus 1, 21 – 28

Sie begaben sich dann nach Kapernaum hinein; und sogleich am (nächsten) Sabbat ging er in die Synagoge und lehrte. Da waren sie über seine Lehre betroffen; denn er lehrte sie wie einer, der Vollmacht hat, ganz anders als die Schriftgelehrten (3). Nun war da gerade in ihrer Synagoge ein Mann mit einem unreinen Geist behaftet; der schrie auf und rief: 'Was willst du von uns, Jesus von Nazareth? Du bist gekommen, um uns zu verderben! Ich weiß von dir, wer du bist: der Heilige Gottes!'

Jesus bedrohte ihn mit den Worten: 'Verstumme und fahre aus von ihm!'

Da riß der unreine Geist den Mann (in Krämpfen) hin und her und fuhr dann mit einem lauten Schrei von ihm aus. Da gerieten sie allesamt in Staunen, so daß sie sich miteinander besprachen und sich befragten: 'Was ist dies? Eine neue Lehre mit (göttlicher) Vollmacht! Auch den unreinen Geistern gebietet er, und sie gehorchen ihm!'

Und der Ruf von ihm verbreitete sich alsbald überall in der ganzen umliegenden Landschaft Galiläa.

Lukas 4, 31 - 37

Er begab sich dann nach der galiläischen Stadt Kapernaum hinab und lehrte sie dort am Sabbat. Da gerieten sie über seine Lehre in Staunen, denn seine Rede beruhte auf (göttlicher) Vollmacht. Nun war da in der Synagoge ein Mann, der von einem unreinen Geiste besessen war; der schrie laut auf:

'Ha! Was willst du von uns, Jesus von Nazareth? Du bist gekommen, um uns zu vernichten! Ich weiß wohl, wer du bist: der Heilige Gottes!'

Jesus bedrohte ihn mit den Worten: 'Verstumme und fahre von ihm aus!' Da warf der böse Geist den Mann mitten unter sie zu Boden und fuhr von ihm aus, ohne ihm irgendwelchen Schaden zuzufügen.

Da gerieten sie alle in Staunen; sie besprachen sich miteinander und sagten: 'Was ist das für ein Machtwort? Mit (göttlicher) Vollmacht und Kraft gebietet er den unreinen Geistern, und sie fahren aus!'

Und die Kunde von ihm verbreitete sich in alle Orte der Umgegend.

Heilung der Schwiegermutter des Petrus und weiterer Kranker

Matthäus 8, 14 - 17

Als Jesus dann in das Haus des Petrus gekommen war, sah er dessen Schwiegermutter fieberkrank zu Bett liegen. Er faßte sie bei der Hand, da wich das Fieber von ihr: sie stand auf und bediente ihn (bei der Mahlzeit).

Als es dann Abend geworden war, brachte man viele Besessene zu ihm, und er trieb die bösen Geister durchs Wort aus und heilte alle, die ein Leiden hatten.

So sollte sich das Wort des Propheten Jesaja erfüllen, der da sagt (4): 'Er hat unsere Gebrechen hinweggenommen und unsere Krankheiten getragen.'

Markus 1, 29 - 34

Sobald sie dann die Synagoge verlassen hatten, begaben sie sich in Begleitung des Jakobus und Johannes in das Haus des Simon und Andreas. Die Schwiegermutter Simons aber lag dort fieberkrank zu Bett, was man ihm sogleich von ihr mitteilte. Er trat nun zu ihr, faßte sie bei der Hand und richtete sie auf; da wich das Fieber sogleich von ihr, und sie wartete ihnen (bei der Mahlzeit) auf.

Als es dann Abend geworden und die Sonne untergegangen war, brachte man alle Kranken und Besessenen zu ihm, und die ganze Stadt war an der Tür versammelt. Und er heilte viele, die an Krankheiten aller Art litten, und trieb viele böse Geister aus, ließ dabei aber die Geister nicht reden, weil sie ihn kannten.

Lukas 4, 38 - 41

Nachdem er dann die Synagoge verlassen hatte, begab er sich in das Haus Simons. Dort war die Schwiegermutter Simons von hohem Fieber befallen, und man wandte sich ihretwegen an ihn. Er trat also zu ihr, beugte sich über sie und bedrohte das Fieber: da wich es von ihr; sie stand sogleich vom Lager auf und bediente sie (bei der Mahlzeit).

Als dann die Sonne unterging, brachten alle, welche Kranke mit mancherlei Leiden hatten, sie zu ihm; er aber legte einem jeden von ihnen die Hände auf und heilte sie. Auch böse Geister fuhren von vielen aus, wobei sie laut schrien und ausriefen: 'Du bist der Sohn Gottes!'

Er bedrohte sie jedoch und ließ sie nicht zu Worte kommen; denn sie wußten, daß er Christus war.

Krankenheilung in Galiläa

Matthäus 4, 23 - 25

Jesus zog dann in ganz Galiläa umher, indem er in ihren Synagogen lehrte, die Heilsbotschaft vom Reiche (Gottes) verkündigte und alle Krankheiten und alle Gebrechen im Volke heilte; und der Ruf von ihm verbreitete sich durch ganz Syrien, und man brachte alle, die an den verschieden-artigsten Krankheiten litten und mit schmerzhaften Übeln behaftet waren, Besessene, Fallsüchtige und Gelähmte, und er heilte sie.

So begleiteten ihn denn große Volksscharen aus Galiläa und aus dem Gebiet der Zehn-Städte sowie aus Jerusalem und Judäa und aus dem Ostjordanland.

Heilung eines Aussätzigen

Matthäus 8, 1 - 4

Als er dann vom Berge herabgestiegen war, folgten ihm große Volksscharen nach. Da trat ein Aussätziger herzu, warf sich vor ihm nieder und sagte: 'Herr, wenn du willst, kannst du mich reinigen.'

Jesus streckte seine Hand aus, faßte ihn an und sagte: 'Ich will's, werde rein!'

Da wurde er sogleich von seinem Aussatz rein. Darauf sagte Jesus zu ihm: 'Hüte dich, jemandem etwas davon zu sagen! Gehe vielmehr hin, zeige dich dem Priester und bringe die Opfergabe dar, die Mose (5) geboten hat, zum Zeugnis für sie!'

Markus 1, 40 - 45

Da kam ein Aussätziger zu ihm, fiel vor ihm auf die Knie nieder und bat ihn flehentlich mit den Worten: 'Wenn du willst, kannst du mich reinigen.'

Jesus hatte Mitleid mit ihm, streckte seine Hand aus, faßte ihn an und sagte zu ihm: 'Ich will's: werde rein!'

Da verschwand der Aussatz sogleich von ihm, und er wurde rein. Jesus aber gab ihm strenge Weisung, hieß ihn auf der Stelle weggehen und sagte zu ihm: 'Hüte dich, jemandem etwas davon zu sagen! Gehe vielmehr hin, zeige dich dem Priester und bringe für deine Reinigung das Opfer dar, das Mose (5) geboten hat, zum Zeugnis für sie!'

Lukas 5, 12 - 16

Es begab sich darauf, während er sich in einer der Städte aufhielt, daß ein Mann da war, über und über mit Aussatz behaftet. Als dieser Jesus sah, warf er sich vor ihm auf sein Angesicht nieder und bat ihn mit den Worten: 'Herr, wenn du willst, kannst du mich reinigen!'

Jesus streckte die Hand aus, faßte ihn an und sagte: 'Ich will's: werde rein!'

Da verschwand der Aussatz sogleich von ihm. Jesus gebot ihm dann, niemand etwas davon zu sagen, und gab ihm die Weisung: 'Gehe hin, zeige dich dem Priester und bringe für deine Reinigung das Opfer dar, wie Mose es geboten hat (5), zum Zeugnis für sie!'

Heilung des Dieners
des Hauptmann von Kapernaum

Matthäus 8, 5 - 13

Als er hierauf nach Kapernaum hineinkam, trat ein Hauptmann zu ihm und bat ihn mit den Worten: 'Herr, mein Diener liegt gelähmt bei mir zu Hause darnieder und leidet schreckliche Schmerzen. Jesus antwortete ihm: 'Ich will kommen und ihn heilen.' Der Hauptmann aber entgegnete: 'Herr, ich bin nicht wert, daß du unter mein Dach trittst; nein, gebiete nur mit einem Wort, dann wird mein Diener gesund werden. Ich bin ja auch ein Mann, der unter höherem Befehl steht, und habe Mannschaften unter mir, und wenn ich zu dem einen sage: ›Gehe!‹, so geht er, und zu dem andern: ›Komm!‹, so kommt er, und zu meinem Diener: ›Tu das!‹, so tut er's.'

Als Jesus das hörte, verwunderte er sich und sagte zu seinen Begleitern: 'Wahrlich ich sage euch: In Israel habe ich bei niemand solchen Glauben gefunden. Ich sage euch aber: Viele werden von Osten und Westen kommen und sich mit Abraham, Isaak und Jakob im Himmelreich zum Mahl niederlassen (6); aber die Söhne des Reiches werden in die Finsternis draußen hinausgestoßen werden; dort wird lautes Weinen und Zähneknirschen sein.'

Zu dem Hauptmann aber sagte Jesus: 'Geh hin! Wie du geglaubt hast, so geschehe dir!' Und sein Diener wurde zur selben Stunde gesund.

Lukas 7, 1 - 10

Nachdem Jesus alle seine Reden an das Volk, das ihm zuhörte, beendet hatte, ging er nach Kapernaum hinein. Dort lag der Diener eines Hauptmanns, der diesem besonders wert war, todkrank darnieder. Weil nun der Hauptmann von Jesus gehört hatte, sandte er Älteste der Juden zu ihm mit der Bitte, er möchte kommen und seinen Diener gesund machen.

Als diese zu Jesus kamen, baten sie ihn inständig mit den Worten: 'Er verdient es, daß du ihm diese Bitte erfüllst; denn er hat unser Volk lieb, und er ist es, der uns unsere Synagoge gebaut hat.'

Da machte sich Jesus mit ihnen auf den Weg. Als er aber nicht mehr weit von dem Hause entfernt war, sandte der Hauptmann Freunde ab und ließ ihm sagen: 'Herr, bemühe dich nicht, denn ich bin nicht wert, daß du unter mein Dach trittst. Darum habe ich mich auch nicht für würdig gehalten, selbst zu dir zu kommen; sprich vielmehr nur ein Wort, so muß mein Diener gesund werden. Denn auch ich bin ein Mensch, der unter Vorgesetzten steht, und habe Mannschaften unter mir; und wenn ich zu einem sage: ›Geh!‹, so geht er, und zu einem anderen: ›Komm!‹, so kommt er, und zu meinem Diener: ›Tu das!‹, so tut er's.'

Als Jesus das hörte, wunderte er sich über ihn und sagte, zu der ihn begleitenden Volksmenge gewandt: 'Ich sage euch: Selbst in Israel habe ich solchen Glauben nicht gefunden!'

Als dann die Abgesandten in das Haus (des Hauptmanns) zurückkehrten, fanden sie den Diener von seiner Krankheit genesen.

Heilung zweier Besessener
in der Gegend der Gadarener

Matthäus 8, 28 - 34

Als er hierauf an das jenseitige Ufer in das Gebiet der Gadarener gekommen war, traten ihm zwei von bösen Geistern besessene Männer entgegen, die aus den Gräbern hervorkamen und so gemeingefährliche Menschen waren, daß niemand auf der Straße dort an ihnen vorbeigehen konnte. Kaum hatten sie ihn erblickt, da schrien sie laut: 'Was hast du mit uns vor, du Sohn Gottes? Bist du hergekommen, um uns vor der Zeit zu quälen?'

Es befand sich aber in weiter Entfernung von ihnen eine große Herde Schweine auf der Weide. Da baten ihn die bösen Geister: 'Wenn du uns austreiben willst, so laß uns doch in die Schweineherde fahren!'

Er antwortete ihnen: 'Hinweg mit euch!'

Da fuhren sie aus und fuhren in die Schweine hinein, und die ganze Herde stürmte infolgedessen den Abhang hinab in den See und ertrank in den Fluten.

Die Hirten aber ergriffen die Flucht und berichteten nach ihrer Ankunft in der Stadt den ganzen Vorfall, auch das, was mit den beiden Besessenen vorgegangen war. Da zog die Einwohnerschaft der ganzen Stadt hinaus, Jesus entgegen, und als sie bei ihm eingetroffen waren, baten sie ihn, er möchte ihr Gebiet verlassen.

Lukas 8, 26 - 39

Sie fuhren dann nach dem Lande der Gergesener, das Galiläa gegenüber liegt. Als er dort ans Land gestiegen war, kam ihm ein Mann aus der Stadt entgegen, der von bösen Geistern besessen war; schon seit langer Zeit hatte er keine Kleider mehr angezogen, auch hielt er sich in keinem Hause mehr auf, sondern in den Gräbern. Als er Jesus sah, schrie er auf, warf sich vor ihm nieder und rief laut: 'Was willst du von mir, Jesus, du Sohn Gottes, des Höchsten? Ich bitte dich! Quäle mich nicht!'

Jesus war nämlich im Begriff, dem unreinen Geist zu gebieten, aus dem Manne auszufahren; denn dieser hatte ihn schon seit langer Zeit in seiner Gewalt, und man hatte ihn mit Ketten und Fußfesseln gebunden und in Gewahrsam gehalten; doch er hatte die Bande allemal zerrissen und wurde von dem bösen Geiste in die Einöden getrieben.

Jesus fragte ihn nun: 'Wie heißt du?' Er antwortete: 'Legion'; denn viele böse Geister waren in ihn gefahren. Diese baten ihn nun, er möchte ihnen nicht gebieten, in den Abgrund zu fahren.

Nun befand sich dort eine große Herde Schweine auf der Weide an dem Berge; deshalb baten die Geister ihn um die Erlaubnis, in diese fahren zu dürfen, und er erlaubte es ihnen. So fuhren denn die Geister aus dem Manne aus und in die Schweine hinein; und die Herde stürmte den Abhang hinab in den See und ertrank dort.

Als nun die Hirten sahen, was geschehen war, ergriffen sie die Flucht und erstatteten Meldung in der Stadt und in den Gehöften. Da zogen die Leute hinaus, um zu sehen, was vorgefallen war; sie kamen zu Jesus und fanden den Mann, aus dem die Geister ausgefahren waren, bekleidet und ganz vernünftig zu den Füßen Jesu sitzen und gerieten darüber in Furcht. Die Augenzeugen erzählten ihnen dann, wie der (früher) Besessene geheilt worden war.

Da bat ihn die gesamte Bevölkerung der Umgegend von Gergesa, er möchte ihr Gebiet verlassen; denn sie waren in große Furcht geraten. So stieg er denn wieder ins Boot und machte sich auf den Rückweg.

Hierauf richtete der Mann, von dem die bösen Geister ausgefahren waren, die Bitte an ihn, bei ihm bleiben zu dürfen; doch Jesus hieß ihn gehen mit den Worten: 'Kehre in dein Haus zurück und erzähle dort, wie Großes Gott an dir getan hat!' Da ging er denn auch hin und verkündete in der ganzen Stadt, wie Großes Jesus an ihm getan hatte.

Heilung eines Gelähmten

Matthäus 9, 1 - 8

Er stieg nun in ein Boot, fuhr über den See zurück und kam wieder in seine Stadt (Kapernaum). Dort brachte man ihm einen Gelähmten, der auf einem Tragbett lag. Weil nun Jesus ihren Glauben sah, sagte er zu dem Gelähmten: 'Sei getrost, mein Sohn: deine Sünden sind (dir) vergeben!'

Da dachten einige von den Schriftgelehrten bei sich: 'Dieser lästert Gott!'

Weil nun Jesus ihre Gedanken durchschaute, sagte er: 'Warum denkt ihr Böses in euren Herzen? Was ist denn leichter, zu sagen: ›Deine Sünden sind (dir) vergeben‹ oder zu sagen: ›Stehe auf und gehe umher!‹? Damit ihr aber wißt, daß der Menschensohn die Vollmacht besitzt, Sünden auf der Erde zu vergeben' – hierauf sagte er zu dem Gelähmten: 'Stehe auf, nimm dein Bett und gehe heim in dein Haus!'

Da stand er auf und ging heim in sein Haus.

Als die Volksmenge das sah, gerieten sie in Furcht und priesen Gott, daß er den Menschen solche Macht gegeben habe.

Markus 2, 1 - 12

Als er dann nach einiger Zeit wieder nach Kapernaum heimgekommen war und die Kunde sich verbreitet hatte, daß er im Hause sei, da versammelten sich alsbald so viele Leute, daß selbst der Platz vor der Tür für sie nicht mehr ausreichte; und er verkündigte ihnen das Wort.

Da kamen Leute zu ihm, die einen Gelähmten brachten, der von vier Männern getragen wurde. Weil sie nun mit ihm wegen der Volksmenge nicht an ihn herankommen konnten, deckten sie über der Stelle, wo Jesus sich befand, das Hausdach ab und ließen das Tragbett, auf dem der Gelähmte lag, durch eine Öffnung, die sie hindurchgebrochen hatten, hinab.

Als Jesus nun ihren Glauben erkannte, sagte er zu dem Gelähmten: 'Mein Sohn, deine Sünden sind (dir) vergeben!'

Es saßen dort aber einige Schriftgelehrte, die machten sich in ihrem Herzen Gedanken: 'Wie kann dieser so reden? Er lästert ja Gott! Wer kann Sünden vergeben außer Gott allein?'

Da nun Jesus in seinem Geiste sogleich erkannte, daß sie so bei sich dachten, sagte er zu ihnen: 'Warum denkt ihr so in euren Herzen? Was ist leichter, zu dem Gelähmten zu sagen: ›Deine Sünden sind (dir) vergeben‹, oder zu sagen: ›Stehe auf, nimm dein Tragbett und gehe umher‹? Damit ihr aber wißt, daß der Menschensohn Vollmacht hat, Sünden auf Erden zu vergeben' – hierauf sagte er zu dem Gelähmten: 'Ich sage dir: Stehe auf, nimm dein Bett und gehe heim in dein Haus!'

Da stand er auf, nahm sogleich das Tragbett und ging vor aller Augen hinaus, so daß alle vor Staunen außer sich gerieten und Gott priesen, indem sie erklärten: 'So etwas haben wir noch nie gesehen!'

Lukas 5, 17 - 26

Eines Tages, als er der Lehrtätigkeit oblag, saßen auch Pharisäer und Gesetzeslehrer da, die aus allen Ortschaften Galiläas und Judäas und (besonders) aus Jerusalem gekommen waren; und die Kraft des Herrn war durch ihn wirksam, so daß er Heilungen vollbrachte.

Da brachten Männer auf einem Tragbett einen Mann, der gelähmt war, und suchten ihn in das Haus hineinzubringen und vor Jesus niederzusetzen. Weil sie aber wegen der Volksmenge keine Möglichkeit fanden, ihn hineinzubringen, stiegen sie auf das Dach und ließen ihn samt dem Tragbett durch die Ziegel hindurch mitten unter die Leute vor Jesus hinab.

Als dieser ihren Glauben sah, sagte er: 'Mensch, deine Sünden sind dir vergeben!'

Da begannen die Schriftgelehrten und Pharisäer sich Gedanken darüber zu machen und sagten: 'Wer ist dieser? Er spricht ja Gotteslästerungen aus! Wer kann Sünden vergeben außer Gott allein?'

Weil nun Jesus ihre Gedanken durchschaute, redete er sie mit den Worten an: 'Was denkt ihr da in euren Herzen? Was ist leichter, zu sagen: ›Deine Sünden sind dir vergeben‹, oder zu sagen: ›Stehe auf und gehe umher‹? Damit ihr aber wißt, daß der Menschensohn Vollmacht hat, auf der Erde Sünden zu vergeben' – hierauf sagte er zu dem Gelähmten: 'Ich sage dir: Stehe auf, nimm dein Bett auf dich und gehe heim in dein Haus!'

Da stand er augenblicklich vor ihren Augen auf, nahm das (Tragbett), auf dem er gelegen hatte, und ging Gott preisend heim in sein Haus.

Da gerieten alle außer sich vor Erstaunen; sie priesen Gott und sagten voller Furcht: 'Unglaubliches haben wir heute gesehen!'

Heilung der blutflüssigen Frau und Auferweckung der Tochter des Jairus

Matthäus 9, 18 - 26

Während Jesus noch so zu ihnen redete, trat ein Vorsteher (der Synagoge) herzu, warf sich vor ihm nieder und sagte: 'Meine Tochter ist soeben gestorben; aber komm und lege ihr deine Hand auf, dann wird sie wieder zum Leben erwachen.'

Da stand Jesus auf und folgte ihm samt seinen Jüngern. Und siehe, eine Frau, die seit zwölf Jahren am Blutfluß litt, trat von hinten an ihn heran und faßte die Quaste seines Rockes an; sie dachte nämlich bei sich: 'Wenn ich nur seinen Rock anfasse, so wird mir geholfen sein.'

Jesus aber wandte sich um, und als er sie sah, sagte er: 'Sei getrost, meine Tochter, dein Glaube hat dir geholfen!'

Und die Frau war von dieser Stunde an gesund.

Als Jesus dann in das Haus des Vorstehers kam und die Flötenbläser und das Getümmel der Volksmenge sah, sagte er: 'Entfernt euch! Das Mädchen ist nicht tot, sondern schläft nur.'

Da verlachten sie ihn.

Als man aber die Volksmenge aus dem Hause entfernt hatte, ging er (zu der Toten) hinein und faßte sie bei der Hand: da erwachte das Mädchen.

Die Kunde hiervon verbreitete sich in der ganzen dortigen Gegend.

Markus 5, 21 - 43

Als Jesus dann im Boot wieder an das jenseitige Ufer hinübergefahren war, sammelte sich eine große Volksmenge bei ihm, während er sich noch am See befand. Da kam einer von den Vorstehern der Synagoge namens Jairus, und als er Jesus erblickte, warf er sich vor ihm nieder und bat ihn inständig mit den Worten: 'Mein Töchterlein ist todkrank; komm doch und lege ihr die Hände auf, damit sie gerettet wird und am Leben bleibt!'

Da ging Jesus mit ihm; es folgte ihm aber eine große Volksmenge und umdrängte ihn.

Nun war da eine Frau, die schon zwölf Jahre lang am Blutfluß gelitten und mit vielen Ärzten viel durchgemacht und ihr ganzes Vermögen dabei zugesetzt hatte, ohne Nutzen davon gehabt zu haben – es war vielmehr immer noch schlimmer mit ihr geworden – die hatte von Jesus gehört und kam nun in der Volksmenge von hinten herzu und faßte seinen Rock; sie dachte nämlich: 'Wenn ich auch nur seine Kleider anfasse, so wird mir geholfen sein.'

Und sogleich hörte ihr Blutfluß auf, und sie spürte in ihrem Körper, daß sie von ihrem Leiden geheilt war.

Da nun auch Jesus sogleich die Empfindung in sich hatte, daß die Heilungskraft von ihm ausgegangen war, wandte er sich in der Volksmenge um und fragte: 'Wer hat meine Kleider angefaßt?'

Da sagten seine Jünger zu ihm: 'Du siehst doch, wie sehr die Volksmenge dich umdrängt, und da fragst du: ›Wer hat mich angefaßt?‹'

Doch er blickte rings um sich nach der, die es getan hatte. Da kam die Frau voller Angst und zitternd herbei, weil sie wohl wußte, was mit ihr vorgegangen war, warf sich vor ihm nieder und bekannte ihm die ganze Wahrheit. Er aber sagte zu ihr: 'Meine Tochter, dein Glaube hat dich gerettet: gehe hin in Frieden und sei von deinem Leiden geheilt!'

Während er noch redete, kamen Leute aus dem Hause des Synagogenvorstehers mit der Meldung: 'Deine Tochter ist gestorben: was bemühst du den Meister noch?'

Jesus aber ließ die Nachricht, die da gemeldet wurde, unbeachtet und sagte zu dem Synagogenvorsteher: 'Fürchte dich nicht, glaube nur!'

Und er ließ niemand mit sich gehen außer Petrus, Jakobus und Johannes, den Bruders des Jakobus.

So kamen sie zum Hause des Synagogenvorstehers, wo er das Getümmel wahrnahm und wie sie weinten und laut wehklagten. Als er dann eingetreten war, sagte er zu den Leuten: 'Wozu lärmt und weint ihr? Das Kind ist nicht tot, sondern schläft nur!'

Da verlachten sie ihn. Er aber entfernte alle aus dem Hause, nahm nur den Vater des Kindes nebst der Mutter und seine Jünger, die ihn begleiteten, mit sich und ging (in das Zimmer) hinein, wo das Kind lag. Dann faßte er das Kind bei der Hand und sagte zu ihm: 'Talitha kumi!', was übersetzt heißt: 'Mädchen, ich sage dir: stehe auf!'

Da stand das Mädchen sogleich auf und ging umher; denn sie war zwölf Jahre alt. Da gerieten sie sofort vor Staunen ganz außer sich. Er gebot ihnen dann ernstlich, niemand solle etwas von dem Geschehenen erfahren, und ordnete an, man möge ihr zu essen geben.

Lukas 8, 40 - 56

Als Jesus dann zurückkehrte, nahm die Volksmenge ihn mit Freuden in Empfang, denn sie hatten alle auf ihn gewartet. Da kam ein Mann namens Jairus, ein Vorsteher der (dortigen) Synagoge, warf sich vor Jesus nieder und bat ihn, in sein Haus zu kommen; er hatte nämlich eine einzige Tochter von ungefähr zwölf Jahren, und diese lag im Sterben.

Während Jesus nun hinging, umdrängte ihn die Volksmenge. Und eine Frau, die schon seit zwölf Jahren am Blutfluß litt und [obgleich sie ihr ganzes Vermögen an Ärzte aufgewandt hatte] bei keinem Heilung hatte finden können, die trat von hinten an ihn heran und faßte die Quaste seines Mantels an, und augenblicklich kam der Blutfluß bei ihr zum Stillstand. Da fragte Jesus: 'Wer hat mich angefaßt?'

Als nun alle es in Abrede stellten, sagte Petrus: 'Meister, die Volksmenge umdrängt und stößt dich von allen Seiten!'

Jesus aber erwiderte: 'Es hat mich jemand angefaßt, ich habe ja gefühlt, daß eine Kraft von mir ausgegangen ist.'

Als nun die Frau sah, daß sie nicht unbemerkt geblieben war, kam sie zitternd herbei, warf sich vor ihm nieder und bekannte vor dem ganzen Volk, aus welchem Grunde sie ihn angefaßt habe und wie sie augenblicklich gesund geworden sei. Da sagte er zu ihr: 'Meine Tochter, dein Glaube hat dir Heilung verschafft: gehe in Frieden!'

Während er noch redete, kam einer von den Leuten des Synagogenvorstehers mit der Meldung: 'Deine Tochter ist gestorben: bemühe den Meister nicht weiter!'

Als Jesus das hörte, sagte er zu Jairus: 'Fürchte dich nicht, glaube nur, dann wird sie gerettet werden!'

Als er dann an das Haus gekommen war, ließ er niemand (von den Seinen) mit sich eintreten außer Petrus, Johannes, Jakobus und den Eltern des Mädchens. Alle weinten aber und wehklagten laut um sie; er jedoch sagte: 'Weinet nicht! Sie ist nicht tot, sondern schläft nur'; da verlachten sie ihn, weil sie wohl wußten, daß sie tot war.

Er aber faßte sie bei der Hand und rief ihr laut zu: 'Mädchen, stehe auf!'

Da kehrte ihr Geist zu ihr zurück, und sie stand sogleich auf; und er ordnete an, man solle ihr zu essen geben. Und ihre Eltern waren vor Erregung ganz außer sich; er aber gebot ihnen, keinem etwas von dem Geschehenen zu erzählen.

Heilung zweier Blinder

Matthäus 9, 27 - 31

Als Jesus hierauf von dort weiterging, folgten ihm zwei Blinde, die laut riefen: 'Sohn Davids, erbarme dich unser!'

Als er dann in das Haus gekommen war, traten die Blinden zu ihm heran, und Jesus fragte sie: 'Glaubt ihr, daß ich (euch) dies zu tun vermag?'

Sie antworteten ihm: 'Ja, Herr!'

Da rührte er ihre Augen an und sagte: 'Nach eurem Glauben geschehe euch!'

Da taten sich ihre Augen auf; Jesus aber gab ihnen die strenge Weisung: 'Hütet euch! Niemand darf etwas davon erfahren!'

Sobald sie aber hinausgegangen waren, verbreiteten sie die Kunde von ihm in jener ganzen Gegend.

Heilung eines Stummen

Matthäus 9, 32 – 34

Während diese hinausgingen, brachte man schon wieder einen stummen Besessenen zu ihm; und als der böse Geist ausgetrieben war, konnte der Stumme reden.

Da geriet die Volksmenge in Staunen und sagte: 'Noch niemals hat man etwas Derartiges in Israel gesehen!'

Die Pharisäer aber erklärten: 'Im Bunde mit dem Obersten der bösen Geister treibt er die Geister aus.'

Lukas 11, 14 - 16

Er trieb dann einen bösen Geist aus, der stumm war; und als der böse Geist ausgefahren war, konnte der Stumme reden.

Da geriet die Volksmenge in Erstaunen. Einige von ihnen aber sagten: 'Im Bunde mit Beelzebul, dem Obersten der bösen Geister, treibt er die bösen Geister aus.'

Andere wieder stellten ihn auf die Probe, indem sie von ihm ein Wunderzeichen vom Himmel her verlangten.

Heilung eines Menschen
mit verdorrter Hand am Sabbat

Matthäus 12, 9 - 14

Er ging dann von dort weiter und kam in ihre Synagoge. Da war ein Mann, der einen gelähmten Arm hatte; und sie richteten die Frage an ihn: 'Darf man am Sabbat heilen?' – sie wollten nämlich einen Grund zu einer Anklage gegen ihn haben.

Er aber antwortete ihnen: 'Wo wäre jemand unter euch, der ein einziges Schaf besitzt und, wenn dieses ihm am Sabbat in eine Grube fällt, es nicht ergriffe und herauszöge? Wieviel wertvoller ist nun aber ein Mensch als ein Schaf! Also darf man am Sabbat Gutes tun.'

Hierauf sagte er zu dem Manne: 'Strecke deinen Arm aus!' Er streckte ihn aus, und er wurde wiederhergestellt, gesund wie der andere.

Da gingen die Pharisäer hinaus und faßten einen Beschluß gegen ihn, um ihn umzubringen.

Markus 3, 1 - 6

Als er dann wieder einmal in eine Synagoge gegangen war, befand sich dort ein Mann, der einen gelähmten (eig. verdorrten) Arm hatte; und sie lauerten ihm auf, ob er ihn am Sabbat heilen würde, um dann eine Anklage gegen ihn zu erheben.

Da sagte er zu dem Manne, der den gelähmten Arm hatte: 'Stehe auf (und tritt vor) in die Mitte!'

Dann fragte er sie: 'Darf man am Sabbat Gutes tun, oder (soll man) Böses tun? Darf man ein Leben (eig. eine Seele) retten oder soll man es töten?'

Sie aber schwiegen.

Da blickte er sie ringsum voll Zorn an, betrübt über die Verstocktheit ihres Herzens, und sagte zu dem Manne: 'Strecke deinen Arm aus!'

Er streckte ihn aus, und sein Arm wurde wiederhergestellt.

Da gingen die Pharisäer sogleich hinaus und berieten sich mit den Anhängern des Herodes (7) über ihn, wie sie ihn umbringen könnten.

Lukas 6, 6 - 11

An einem anderen Sabbat aber ging er in die Synagoge und lehrte. Dort war ein Mann, dessen rechter Arm verdorrt war.

Da lauerten die Schriftgelehrten und Pharisäer ihm auf, ob er wohl am Sabbat heilen würde, um dann einen Grund zu einer Anklage gegen ihn zu haben; er aber kannte ihre Gedanken wohl. Er sagte nun zu dem Manne mit dem gelähmten Arm: 'Stehe auf und tritt vor in die Mitte!'

Jener stand auf und trat hin. Dann sagte Jesus zu ihnen: 'Ich frage euch: Darf man am Sabbat Gutes tun, oder soll man Böses tun? Darf man ein Leben erhalten, oder soll man es zugrunde gehen lassen?'

Nachdem er sie dann alle ringsum (zornig) angeblickt hatte, sagte er zu ihm: 'Strecke deinen Arm aus!'

Jener tat es, und sein Arm wurde wieder hergestellt.

Jene aber wurden ganz sinnlos vor Wut und besprachen sich miteinander, was sie Jesus antun könnten.

Auferweckung des Jüngling von Nain

Lukas 7, 11 - 17

Kurze Zeit darauf begab es sich, daß Jesus nach einer Stadt namens Nain wanderte, und mit ihm zogen seine Jünger und eine große Volksschar.

Als er sich nun dem Stadttor näherte, da trug man gerade einen Toten heraus, den einzigen Sohn seiner Mutter, und die war eine Witwe; und eine große Volksmenge aus der Stadt gab ihr das Geleit.

Als der Herr sie sah, ging ihr Unglück ihm zu Herzen, und er sagte zu ihr: 'Weine nicht!'

Dann trat er hinzu und faßte die Bahre an; da standen die Träger still, und er sprach: 'Jüngling, ich sage dir: stehe auf!'

Da setzte der Tote sich aufrecht hin und fing an zu reden; und Jesus gab ihn seiner Mutter wieder (8).

Da kam Furcht über alle, und sie priesen Gott und sagten: 'Ein großer Prophet ist unter uns erstanden!' und: 'Gott hat sein Volk gnädig angesehen!'

Die Kunde von dieser seiner Tat aber verbreitete sich im ganzen jüdischen Lande und in allen umliegenden Gegenden.

Heilungen am See Genezareth

Matthäus 14, 34 – 36

Nachdem sie dann (über den See) hinübergefahren waren, kamen sie ans Land nach Gennesaret. Sobald die Bewohner dieses Ortes ihn erkannt hatten, schickten sie Boten in die ganze dortige Umgegend, und man brachte alle Kranken zu ihm, und (diese) baten ihn, nur die Quaste seines Rockes anfassen zu dürfen, und alle, die sie anfaßten, wurden völlig geheilt.

Markus 6, 53 – 56

Als sie dann ans Land hinübergefahren waren, kamen sie nach Gennesaret und legten dort an. Als sie aus dem Boot gestiegen waren, erkannten die Leute dort ihn sogleich, liefen in jener ganzen Gegend umher und begannen die Kranken auf den Bahren umherzutragen (und dahin zu bringen), wo er, dem Vernehmen nach, sich gerade aufhielt.

Und wo er in Dörfern oder Städten oder Gehöften einkehrte, legten sie die Kranken auf den freien Plätzen nieder und baten ihn, daß sie auch nur die Quaste seines Rockes anfassen dürften; und alle, die ihn anfaßten, wurden gesund.

Fernheilung der Tochter einer kanaanäischen Frau

Matthäus 15, 21 – 28

Jesus ging dann von dort weg und zog sich in die Gegend von Tyrus und Sidon zurück. Da kam eine kanaanäische Frau aus jenem Gebiet her und rief ihn laut an: 'Erbarme dich meiner, Herr, du Sohn Davids! Meine Tochter wird von einem bösen Geist schlimm geplagt!'

Er antwortete ihr aber kein Wort. Da traten seine Jünger zu ihm und baten ihn: 'Fertige sie doch ab! Sie schreit ja hinter uns her!'

Er aber antwortete: 'Ich bin nur zu den verlorenen Schafen des Hauses Israel (9) gesandt.'

Sie aber kam, warf sich vor ihm nieder und bat: 'Herr, hilf mir!'

Doch er erwiderte: 'Es ist nicht recht, den Kindern das Brot zu nehmen und es den Hündlein hinzuwerfen.'

Darauf sagte sie: 'O doch, Herr! Die Hündlein bekommen ja auch von den Brocken zu essen, die vom Tisch ihrer Herren fallen.'

Da antwortete ihr Jesus: 'O Frau, dein Glaube ist groß; dir geschehe, wie du es wünschest!'

Und ihre Tochter wurde von dieser Stunde an gesund.

Markus 7, 24 – 30

Er brach dann von dort auf und begab sich in das Gebiet von Tyrus. Als er dort in einem Hause Aufnahme gefunden hatte, wünschte er, daß niemand es erführe; doch er konnte nicht verborgen bleiben, sondern alsbald hörte eine Frau von ihm, deren Töchterlein von einem unreinen Geist besessen war; sie kam also und warf sich vor ihm nieder – die Frau war aber eine Griechin, ihrer Herkunft nach eine Syrophönizierin – und bat ihn, er möchte den bösen Geist aus ihrer Tochter austreiben.

Da entgegnete er ihr: 'Laß zuerst die Kinder satt werden; denn es ist nicht recht, das den Kindern zukommende Brot zu nehmen und es den Hündlein hinzuwerfen.'

Sie aber gab ihm zur Antwort: 'O doch, Herr! Auch die Hündlein bekommen ja unter dem Tisch von den Brocken der Kinder zu essen.'

Da sagte er zu ihr: 'Um dieses Wortes willen gehe heim: der böse Geist ist aus deiner Tochter ausgefahren.'

Als sie nun in ihr Haus zurückkam, traf sie ihr Kind an, wie es ruhig auf dem Bett lag, und der böse Geist war ausgefahren.

Weitere Heilungen am Galiläischen Meer

Matthäus 15, 29 – 31

Jesus ging dann von dort wieder weg und kam an den Galiläischen See, und als er den Berg hinangestiegen war, setzte er sich dort nieder. Da kamen große Scharen Volks zu ihm; sie brachten Lahme, Blinde, Krüppel, Stumme und viele andere Kranke mit sich, die sie ihm vor die Füße legten; und er heilte sie, so daß die Volksmenge sich verwunderte, als sie sah, daß Stumme redeten, Krüppel gesund wurden, Lahme einhergehen konnten und Blinde sehend wurden; und sie priesen den Gott Israels.

Markus 7, 31 – 37

Nachdem er dann das Gebiet von Tyrus wieder verlassen hatte, kam er über Sidon an den Galiläischen See (und zwar) mitten in das Gebiet der Zehn-Städte.

Da brachten sie einen Tauben zu ihm, der kaum lallen konnte, und baten ihn, er möchte ihm die Hand auflegen. So nahm er ihn denn von der Volksmenge weg abseits, legte ihm, als er mit ihm allein war, seine Finger in die Ohren, benetzte sie mit Speichel und berührte ihm die Zunge; nachdem er dann zum Himmel aufgeblickt hatte, seufzte er und sagte zu ihm: 'Effatha!', das heißt (übersetzt) 'Tu dich auf!'

Da taten sich seine Ohren auf, die Gebundenheit seiner Zunge löste sich, und er redete richtig.

Jesus gebot ihnen dann ernstlich, daß sie niemand etwas davon sagen sollten; aber je mehr er es ihnen gebot, um so mehr und um so eifriger verbreiteten sie die Kunde; und sie gerieten vor Staunen ganz außer sich und sagten: 'Er hat alles wohl gemacht, auch die Tauben macht er hören und die Sprachlosen reden!'

Heilung eines epileptischen Knaben

Matthäus 17, 14 – 21

Als sie dann zu der Volksmenge zurückgekommen waren, trat ein Mann an ihn heran, warf sich vor ihm auf die Knie nieder und sagte: 'Herr, erbarme dich meines Sohnes! Er ist fallsüchtig und hat schwer zu leiden; denn oft fällt er ins Feuer und oft auch ins Wasser. Ich habe ihn schon zu deinen Jüngern gebracht, doch sie haben ihn nicht heilen können.'

Da antwortete Jesus: 'O ihr ungläubige und verkehrte Art von Menschen! Wie lange soll ich noch bei euch sein, wie lange es noch mit euch aushalten? Bringt ihn mir hierher!'

Jesus bedrohte alsdann den bösen Geist: da fuhr er von dem Knaben aus, so daß dieser von Stund an gesund war. Hierauf traten die Jünger zu Jesus, als sie mit ihm allein waren, und fragten: 'Warum haben wir den Geist nicht austreiben können?'

Er antwortete ihnen: 'Wegen eures Kleinglaubens! Denn wahrlich ich sage euch: Wenn ihr Glauben wie ein Senfkorn habt und diesem Berge gebietet: ›Rücke von hier weg dorthin!‹, so wird er hinwegrücken, und nichts wird euch unmöglich sein. [Diese Art (von bösen Geistern) aber läßt sich nur durch Gebet und Fasten austreiben.]'

Markus 9, 14 – 29

Als sie dann zu den (anderen) Jüngern zurückkamen, sahen sie eine große Volksmenge um sie versammelt, auch Schriftgelehrte, die sich mit ihnen besprachen. Sobald nun die Menge ihn erblickte, gerieten alle in freudige Erregung; sie eilten auf ihn zu und begrüßten ihn. Er fragte sie nun: 'Was habt ihr mit ihnen zu verhandeln?'

Da antwortete ihm einer aus der Menge: 'Meister, ich habe meinen Sohn zu dir gebracht, der von einem sprachlosen Geist besessen ist; sooft der ihn packt, reißt er ihn hin und her; dann tritt ihm der Schaum vor den Mund, und er knirscht mit den Zähnen und wird ganz kraftlos. Ich habe deine Jünger gebeten, sie möchten ihn austreiben, doch sie haben es nicht gekonnt.'

Jesus antwortete ihnen mit den Worten: 'O ihr ungläubige Art von Menschen! Wie lange soll ich noch bei euch sein? Wie lange soll ich es noch mit euch aushalten? Bringt ihn her zu mir!'

Da brachten sie ihn zu ihm. Als nun der Geist ihn erblickte, zog er den Knaben sogleich krampfhaft zusammen, so daß er auf den Boden fiel und sich mit Schaum vor dem Munde wälzte. Da fragte Jesus den Vater des Knaben: 'Wie lange hat er dies Leiden schon?'

Er antwortete: 'Von Kindheit an; und oft hat der Geist ihn sogar ins Feuer und ins Wasser gestürzt, um ihn umzubringen. Wenn du es jedoch irgend vermagst, so hilf uns und habe Erbarmen mit uns!'

Jesus antwortete ihm: 'Was dein ›Wenn du es vermagst‹ betrifft, so wisse: Alles ist dem möglich, der Glauben hat.'

Sogleich rief der Vater des Knaben laut aus: 'Ich glaube: hilf meinem Unglauben!'

Als Jesus nun sah, daß immer mehr Leute zusammenliefen, bedrohte er den unreinen Geist mit den Worten: 'Du sprachloser und tauber Geist, ich gebiete dir: Fahre von ihm aus und fahre nicht wieder in ihn hinein!'

Da schrie er laut auf und fuhr unter heftigen Krämpfen aus; und der Knabe lag wie tot da, so daß die meisten sagten: 'Er ist gestorben!'

Jesus aber faßte ihn bei der Hand und richtete ihn in die Höhe: da stand er auf.

Als Jesus dann in ein Haus eingetreten war, fragten ihn seine Jünger, während sie mit ihm allein waren: 'Warum haben wir den Geist nicht austreiben können?'

Er antwortete ihnen: 'Diese Art (von bösen Geistern) läßt sich nur durch Gebet austreiben.'

Lukas 9, 38 – 42

Da rief ein Mann aus der Volksmenge heraus: 'Meister, ich bitte dich: nimm dich meines Sohnes an, er ist ja mein einziger! Siehe, ein Geist packt ihn, so daß er plötzlich aufschreit; und er zerrt ihn hin und her, so daß ihm Schaum vor den Mund tritt, und läßt nur schwer von ihm ab: er reibt seine Kräfte ganz auf! Ich habe deine Jünger gebeten, sie möchten ihn austreiben, doch sie haben es nicht gekonnt.'

Da antwortete Jesus: 'O ihr ungläubige und verkehrte Art von Menschen! Wie lange soll ich noch bei euch sein und es mit euch aushalten? Bringe deinen Sohn hierher!'

Während nun der Knabe noch auf ihn zuging, riß der böse Geist ihn hin und her und zog ihn krampfhaft zusammen.

Jesus aber bedrohte den unreinen Geist, heilte den Knaben und gab ihn seinem Vater (gesund) zurück.

Heilung
eines blinden und stummen Mannes

Matthäus 12, 22

Damals brachte man einen Besessenen zu ihm, der blind und stumm war, und er heilte ihn, so daß der Stumme redete und sehen konnte.

Heilung
einer verkrümmten Frau am Sabbat

Lukas 13, 10 – 17

Jesus lehrte einst in einer der Synagogen am Sabbat. Da war gerade eine Frau anwesend, die schon seit achtzehn Jahren einen Geist der Schwäche hatte; sie war zusammengekrümmt und unfähig, sich ordentlich aufzurichten. Als Jesus sie erblickte, rief er sie herbei und sagte zu ihr: 'Frau, du bist von deiner Schwäche befreit!'

Dann legte er ihr die Hände auf, und sie richtete sich augenblicklich gerade empor und pries Gott.

Weil nun der Vorsteher der Synagoge unwillig darüber war, daß Jesus am Sabbat eine Heilung vollzogen hatte, sagte er zu der (versammelten) Menge: 'Sechs Tage sind da, an denen man arbeiten soll; an diesen also kommt und laßt euch heilen, aber nicht (gerade) am Sabbattage!'

Der Herr aber antwortete ihm mit den Worten: 'Ihr Heuchler! Bindet nicht ein jeder von euch am Sabbat seinen Ochsen oder Esel von der Krippe los und führt ihn zur Tränke? Diese Frau aber, eine Tochter Abrahams, die der Satan nun schon achtzehn Jahre lang in Fesseln gehalten hat, die sollte von dieser Fessel am

Sabbattage nicht befreit werden dürfen?'

Durch diese seine Worte wurden alle seine Gegner beschämt; die ganze Volksmenge aber freute sich über alle die herrlichen Taten, die durch ihn geschahen.

Blindenheilung in Bethsaida

Markus 8, 22 – 26

Sie kamen dann nach Bethsaida. Dort brachte man einen Blinden zu ihm und bat ihn, er möchte ihn anrühren.

Er faßte denn auch den Blinden bei der Hand und führte ihn vor das Dorf hinaus; dann tat er ihm Speichel in die Augen, legte ihm die Hände auf und fragte ihn, ob er etwas sähe. Jener schlug die Augen auf und antwortete: 'Ich nehme die Menschen wahr: sie kommen mir bei ihrem Umhergehen wie Bäume vor.'

Darauf legte er ihm die Hände nochmals auf die Augen; da konnte er deutlich sehen und war geheilt, so daß er auch in der Ferne alles scharf sah.

Nun schickte Jesus ihn heim in sein Haus mit der Weisung: 'Gehe auch nicht (erst wieder) in das Dorf hinein!'

Heilung eines Wassersüchtigen am Sabbat

Lukas 14, 1 - 6

Als er dann an einem Sabbat in das Haus eines der Obersten der Pharisäer gekommen war, um dort am Mahl teilzunehmen, lauerten sie ihm auf. Und siehe, ein wassersüchtiger Mann erschien dort vor ihm. Da richtete Jesus die Frage an die Gesetzeslehrer und Pharisäer: 'Darf man am Sabbat heilen oder nicht?'

Sie aber schwiegen. Da faßte er ihn an, heilte ihn und hieß ihn gehen.

Hierauf sagte er zu ihnen: 'Wem von euch wird sein Sohn oder sein Rind in einen Brunnen fallen, und er wird ihn nicht sofort auch am Sabbattage herausziehen?'

Und sie vermochten ihm auf diese Frage keine widersprechende Antwort zu geben.

Heilung der zehn Aussätzigen

Lukas 17, 11 – 19

Auf seiner Wanderung nach Jerusalem durchzog Jesus das Grenzgebiet von Samaria und Galiläa. Als er dort in ein Dorf eintrat, kamen ihm zehn aussätzige Männer entgegen, die in der Ferne stehen blieben und ihre Stimme erhoben und riefen: 'Jesus, (lieber) Meister, erbarme dich unser!'

Als er sie erblickte, sagte er zu ihnen: 'Geht hin und zeigt euch den Priestern.'

Während sie dann hingingen, wurden sie rein.

Einer von ihnen aber, als er sich geheilt sah, kehrte zurück, pries Gott mit lauter Stimme, warf sich zu Jesu Füßen auf sein Angesicht nieder und dankte ihm; und das war ein Samariter.

Da sagte Jesus: 'Sind ihrer nicht zehn rein geworden? Wo sind denn die anderen neun? Hat sich sonst keiner gefunden, der zurückgekehrt ist, um Gott die Ehre zu geben, außer diesem Fremdling?'

Zu ihm sagte er dann: 'Stehe auf und gehe! Dein Glaube hat dir Rettung verschafft.'

Blindenheilung bei Jericho

Matthäus 20, 29 – 34

Als sie dann aus Jericho hinauszogen, folgte ihm eine große Volksmenge nach. Da saßen dort zwei Blinde am Wege; als diese hörten, daß Jesus vorüberziehe, riefen sie laut: 'Herr, erbarme dich unser, Sohn Davids!'

Die Volksmenge rief ihnen drohend zu, sie sollten still sein; sie aber schrien nur noch lauter: 'Herr, erbarme dich unser, Sohn Davids!'

Da blieb Jesus stehen, rief sie herbei und fragte sie: 'Was wünscht ihr von mir?'

Sie antworteten ihm: 'Herr, daß unsere Augen aufgetan werden!'

Da fühlte Jesus Mitleid mit ihnen; er berührte ihre Augen, und sogleich konnten sie sehen und schlossen sich ihm an.

Markus 10, 46 – 52

Sie kamen dann nach Jericho; und als er mit seinen Jüngern und einer großen Volksmenge aus Jericho hinauszog, saß der Sohn des Timäus, Bartimäus, ein blinder Bettler, am Wege. Als dieser hörte, es sei Jesus von Nazareth, begann er laut zu rufen: 'Sohn Davids, Jesus, erbarme dich meiner!'

Viele riefen ihm drohend zu, er solle still sein; doch er rief nur noch lauter: 'Sohn Davids, erbarme dich meiner!'

Da blieb Jesus stehen und sagte: 'Ruft ihn her!'

So riefen sie denn den Blinden und sagten zu ihm: 'Sei guten Mutes, stehe auf: er ruft dich!'

Da warf er seinen Mantel ab, sprang auf und kam zu Jesus. Dieser redete ihn mit den Worten an: 'Was wünschest du von mir?'

Der Blinde antwortete ihm: 'Rabbuni, ich möchte sehen können!'

Jesus sagte zu ihm: 'Gehe hin, dein Glaube hat dich gerettet.'

Da konnte er augenblicklich sehen und schloß sich an Jesus auf der Wanderung an.

Lukas 18, 35 – 43

Als er dann in die Nähe von Jericho kam, saß da ein Blinder am Wege und bettelte. Als dieser nun die vielen Leute vorüberziehen hörte, erkundigte er sich, was das zu bedeuten habe.

Man teilte ihm mit, daß Jesus von Nazareth vorübergehe. Da rief er laut: 'Jesus, Sohn Davids, erbarme dich meiner!'

Die an der Spitze des Zuges Gehenden riefen ihm drohend zu, er solle still sein; doch er rief nur noch lauter: 'Sohn Davids, erbarme dich meiner!'

Da blieb Jesus stehen und ließ ihn zu sich führen. Als er nun nahe herangekommen war, fragte Jesus ihn: 'Was wünschest du von mir?'

Er antwortete: 'Herr, ich möchte sehen können.'

Jesus erwiderte ihm: 'Werde sehend! Dein Glaube hat dir Rettung verschafft.'

Da konnte er augenblicklich sehen und schloß sich ihm an, indem er Gott pries; auch das gesamte Volk, das zugesehen hatte, gab Gott die Ehre durch Lobpreis.

Heilung des Sohnes
eines königlichen Beamten in Kapernaum

Johannes 4, 46 – 53

So kam er denn wieder nach Kana in Galiläa, wo er das Wasser in Wein verwandelt hatte. Es war aber in Kapernaum ein königlicher Beamter, dessen Sohn krank darniederlag. Als dieser hörte, daß Jesus aus Judäa nach Galiläa gekommen sei, begab er sich zu ihm und bat ihn, er möchte (nach Kapernaum) hinunterkommen und seinen Sohn heilen; denn dieser lag im Sterben.

Da sagte Jesus zu ihm: 'Wenn ihr nicht Zeichen und Wunder seht, glaubt ihr überhaupt nicht!'

Der königliche Beamte entgegnete ihm: 'Herr, komm doch hinab, ehe mein Kind stirbt!'

Jesus antwortete ihm: 'Gehe heim, dein Sohn lebt!'

Der Mann glaubte der Versicherung, die Jesus ihm gegeben hatte, und machte sich auf den Heimweg, und schon während seiner Rückkehr kamen ihm seine Knechte mit der Meldung entgegen, daß sein Sohn lebe. Da erkundigte er sich bei ihnen nach der Stunde, in der sein Befinden sich gebessert habe.

Sie antworteten ihm: 'Gestern in der siebten Stunde hat das Fieber ihn verlassen.'

Nun erkannte der Vater, daß es in jener Stunde geschehen war, in der Jesus zu ihm gesagt hatte: 'Dein Sohn lebt'; und er wurde gläubig mit seinem ganzen Hause.

Heilung des Gelähmten in Bethesda

Johannes 5, 1 – 18

Hierauf fand ein Fest der Juden statt, und Jesus zog nach Jerusalem hinauf. Nun liegt in Jerusalem am Schaftor ein Teich, der auf hebräisch Bethesda heißt und fünf Hallen hat. In diesen lagen Kranke in großer Zahl, Blinde, Lahme und Schwindsüchtige [die auf die Bewegung des Wassers warteten. Ein Engel des Herrn stieg nämlich von Zeit zu Zeit in den Teich hinab und setzte das Wasser in Bewegung. Wer dann nach der Bewegung des Wassers zuerst hineinstieg, der wurde gesund, gleichviel mit welchem Leiden er behaftet war].

Nun lag dort ein Mann, der schon achtunddreißig Jahre an seiner Krankheit gelitten hatte. Als Jesus diesen daliegen sah und erfuhr, daß er schon so lange Zeit als Kranker dort zugebracht hatte, fragte er ihn: 'Willst du gesund werden?'

Der Kranke antwortete ihm: 'Ach, Herr, ich habe keinen Menschen, der mich in den Teich schafft, wenn das Wasser in Bewegung gerät; während ich aber hingehe, steigt immer schon ein anderer vor mir hinab.'

Jesus sagte zu ihm: 'Steh auf, nimm dein Bett auf dich und bewege dich frei!'

Da wurde der Mann sogleich gesund, nahm sein Bett auf sich und ging umher.

Es war aber (gerade) Sabbat an jenem Tage. Daher sagten die Juden zu dem Geheilten: 'Heute ist Sabbat; da darfst du das Bett nicht tragen!'

Doch er antwortete ihnen: 'Der Mann, der mich gesund gemacht hat, der hat zu mir gesagt: ›Nimm dein Bett auf dich und bewege dich frei!‹'

Sie fragten ihn: 'Wer ist der Mann, der zu dir gesagt hat: ›Nimm es auf dich und gehe umher!‹?'

Der Geheilte wußte aber nicht, wer es war; denn Jesus hatte sich in der Menschenmenge, die sich an dem Orte befand, unbemerkt entfernt.

Später traf Jesus ihn im Tempel wieder und sagte zu ihm: 'Du bist nun gesund geworden; sündige fortan nicht mehr, damit dir nicht noch Schlimmeres widerfährt!'

Da ging der Mann hin und teilte den Juden mit, Jesus sei es, der ihn gesund gemacht habe.

Deshalb verfolgten die Juden Jesus, weil er solche Werke (auch) am Sabbat tat.

Jesus aber antwortete ihnen: 'Mein Vater wirkt (ununterbrochen) bis zu dieser Stunde; darum wirke ich auch.'

Deshalb trachteten die Juden ihm um so mehr nach dem Leben, weil er nicht nur den Sabbat brach, sondern auch Gott seinen eigenen Vater nannte und sich damit Gott gleichstellte.

Heilung eines Blindgeborenen am Teich Siloah

Johannes 9, 1 – 7

Im Vorübergehen sah er alsdann einen Mann, der von Geburt an blind war. Da fragten ihn seine Jünger: 'Rabbi, wer hat gesündigt, dieser Mann oder seine Eltern, daß er als Blinder geboren worden ist?'

Jesus antwortete: 'Weder dieser hat gesündigt noch seine Eltern; sondern (dazu ist es geschehen) damit das Wirken Gottes an ihm offenbar würde. Wir müssen die Werke dessen wirken, der mich gesandt hat, solange es Tag ist; es kommt die Nacht, in der niemand wirken kann. Solange ich in der Welt bin, bin ich das Licht der Welt.'

Nach diesen Worten spie er auf den Boden, stellte mit dem Speichel einen Teig her, legte dem Blinden den Teig auf die Augen und sagte zu ihm: 'Gehe hin, wasche dich im Teiche Siloah!' – Das heißt übersetzt ›Abgesandter‹. –

Da ging er hin, wusch sich und kam sehend zurück.

Auferweckung des Lazarus

Johannes 11, 1 - 44

Es lag aber ein Mann krank darnieder, Lazarus von Bethanien, aus dem Dorfe, in welchem Maria und ihre Schwester Martha wohnten – es war die Maria, die den Herrn mit Myrrhenbalsam gesalbt und seine Füße mit ihren Haaren getrocknet hat – deren Bruder Lazarus lag krank darnieder. Da sandten die Schwestern zu Jesus und ließen ihm sagen: 'Herr, siehe, der, den du lieb hast, der ist krank!'

Als Jesus das vernahm, sagte er: 'Diese Krankheit führt nicht zum Tode, sondern dient zur Verherrlichung Gottes, weil der Sohn Gottes durch sie verherrlicht werden soll.'

Jesus hatte aber die Martha und ihre Schwester und auch den Lazarus lieb. Als er nun von dessen Krankheit gehört hatte, blieb er zunächst noch zwei Tage an dem Orte, wo er sich befand; dann erst sagte er zu seinen Jüngern: 'Wir wollen wieder nach Judäa ziehen!'

Die Jünger erwiderten ihm: 'Rabbi, soeben erst haben die Juden dich steinigen wollen, und nun willst du wieder dorthin gehen?'

Jesus antwortete: 'Hat der Tag nicht zwölf Stunden? Wenn man am Tage wandert, stößt man nicht an, weil man das Licht dieser Welt sieht; wenn man aber bei Nacht wandert, stößt man an, weil man kein Licht in sich hat, um zu sehen.' So sagte er und fuhr dann fort: 'Unser Freund Lazarus ist eingeschlafen; aber ich gehe hin, um ihn aus dem Schlaf zu wecken.'

Da erwiderten ihm die Jünger: 'Herr, wenn er eingeschlafen ist, wird er wieder gesund werden.'

Jesus hatte den Tod des Lazarus gemeint, sie dagegen waren der Meinung, er rede vom gewöhnlichen Schlaf.

Da sagte Jesus ihnen denn mit klaren Worten: 'Lazarus ist gestorben, und ich freue mich euretwegen, daß ich nicht dort gewesen bin, damit ihr glauben lernt. Doch nun laßt uns zu ihm gehen!'

Da sagte Thomas, der auch den Namen ›Zwilling‹ führt, zu seinen Mitjüngern: 'Laßt uns hingehen, um mit ihm zu sterben!'

Als nun Jesus hinkam, fand er ihn schon seit vier Tagen im Grabe liegen.

Bethanien lag aber in der Nähe von Jerusalem, etwa fünfzehn Stadien von dort entfernt; darum hatten sich viele von den Juden bei Martha und Maria eingefunden, um sie über den Tod ihres Bruders zu trösten.

Als nun Martha von der Ankunft Jesu hörte, ging sie ihm entgegen; Maria aber blieb im Hause (bei den Trauergästen) sitzen. Da sagte Martha zu Jesus: 'Herr, wärest du hier gewesen, so wäre mein Bruder nicht gestorben! Doch auch so weiß ich, daß Gott dir alles gewähren wird, um was du Gott bittest.'

Jesus erwiderte ihr: 'Dein Bruder wird auferstehen!'

Martha antwortete ihm: 'Ich weiß, daß er bei der Auferstehung am jüngsten Tage auferstehen wird.'

Jesus entgegnete ihr: 'Ich bin die Auferstehung und das Leben; wer an mich glaubt, wird leben, wenn er auch stirbt, und wer da lebt und an mich glaubt, wird in Ewigkeit nicht sterben! Glaubst du das?'

Sie antwortete ihm: 'Ja, Herr, ich habe den Glauben gewonnen, daß du Christus bist, der Sohn Gottes, der in die Welt kommen soll.'

Nach diesen Worten ging sie weg und rief ihre Schwester Maria, indem sie ihr zuflüsterte: 'Der Meister ist da und läßt dich rufen!'

Sobald jene das gehört hatte, stand sie schnell auf und machte sich auf den Weg zu ihm; Jesus war aber noch nicht in das Dorf gekommen, sondern befand sich noch an der Stelle, wohin Martha ihm entgegengekommen war.

Als nun die Juden, die bei Maria im Hause waren und sie zu trösten suchten, sie schnell aufstehen und hinausgehen sahen, folgten sie ihr nach in der Meinung, sie wolle zum Grabe gehen, um dort zu weinen. Als nun Maria an die

Stelle kam, wo Jesus sich befand, und ihn erblickt hatte, warf sie sich ihm zu Füßen und sagte zu ihm: 'Herr, wärest du hier gewesen, so wäre mein Bruder nicht gestorben!'

Als nun Jesus sah, wie sie weinte und wie auch die Juden weinten, die mit ihr gekommen waren, fühlte er sich im Geist heftig bewegt und erschüttert. Darauf fragte er: 'Wo habt ihr ihn beigesetzt?'

Sie antworteten ihm: 'Herr, komm und sieh es!'

Jesus weinte.

Da sagten die Juden: 'Seht, wie lieb hat er ihn gehabt!'

Einige von ihnen aber sagten: 'Hätte dieser, der dem Blinden die Augen aufgetan hat, nicht auch machen können, daß dieser hier nicht zu sterben brauchte?'

Da geriet Jesus in seinem Innern aufs neue in heftige Erregung und trat an das Grab; es war dies aber eine Höhle, vor deren Eingang ein Stein lag. Jesus sagte: 'Hebt den Stein weg!'

Martha, die Schwester des Verstorbenen, erwiderte ihm: 'Herr, er ist schon in Verwesung; es ist ja schon der vierte Tag seit seinem Tode.'

Jesus entgegnete ihr: 'Habe ich dir nicht gesagt, daß, wenn du glaubst, du die Herrlichkeit Gottes sehen wirst?'

Da hoben sie den Stein weg; Jesus aber richtete die Augen (zum Himmel) empor und betete: 'Vater, ich danke dir, daß du mich erhört hast! Ich wußte wohl, daß du mich allezeit erhörst; aber um des Volkes willen, das hier rings (um mich) steht, habe ich's gesagt, damit sie zum Glauben kommen, daß du mich gesandt hast.'

Nach diesen Worten rief er mit lauter Stimme: 'Lazarus, komm heraus!'

Da kam der Gestorbene heraus, an den Beinen und Armen mit Binden umwickelt, und sein Gesicht war mit einem Schweißtuch umbunden.

Jesus sagte zu ihnen: 'Macht ihn los (von seinen Hüllen) und laßt ihn (frei) gehen!'

Der Missionsbefehl Jesu

an seine Jünger

Unsere Aufgabe in der Welt

Matthäus 10, 1

Er rief dann seine zwölf Jünger herbei und verlieh ihnen Macht über die unreinen Geister, so daß sie diese auszutreiben und alle Krankheiten und jedes Gebrechen zu heilen vermochten.

Matthäus 10, 5 - 16

Diese Zwölf sandte Jesus aus, nachdem er ihnen folgende Weisungen gegeben hatte: 'Den Weg zu den Heidenvölkern schlagt nicht ein und tretct auch in keine Samariterstadt ein, geht vielmehr (nur) zu den verlorenen Schafen des Hauses Israel. Auf eurer Wanderung predigt: ›Das Himmelreich ist nahe herbeigekommen!‹ Heilt Kranke, weckt Tote auf, macht Aussätzige rein, treibt böse Geister aus: umsonst habt ihr's empfangen, umsonst sollt ihr's auch weitergeben!

Sucht euch kein Gold, kein Silber, kein Kupfergeld in eure Gürtel zu verschaffen, nehmt keinen Ranzen mit auf den Weg, auch nicht zwei Röcke, keine Schuhe und keinen Stock, denn der Arbeiter ist seines Unterhalts wert.

Wo ihr in eine Stadt oder ein Dorf eintretet, da erkundigt euch, wer dort würdig sei (euch zu beherbergen), und bei dem bleibt, bis ihr weiterzieht. Beim Eintritt in das Haus entbietet ihm den Friedensgruß, und wenn das Haus es verdient, soll der Friede, den ihr ihm gewünscht habt, ihm auch zuteil werden; ist es dessen aber nicht würdig, so soll euer ihm gewünschter Friede zu euch zurückkehren.

Wo man euch nicht aufnimmt und euren Worten kein Gehör schenkt, da geht aus dem betreffenden Hause oder Orte hinaus und schüttelt den Staub von euren Füßen ab!

Wahrlich ich sage euch: Dem Lande Sodom und Gomorrha wird es am Tage des Gerichts erträglicher ergehen als einer solchen Stadt!

Bedenket wohl: ich sende euch wie Schafe mitten unter Wölfe; darum seid klug wie die Schlangen und ohne Falsch wie die Tauben!'

Lukas 9, 1 - 6

Er (Jesus) rief dann die Zwölf zusammen und gab ihnen Kraft und Vollmacht über alle bösen Geister sowie zur Heilung von Krankheiten, hierauf sandte er sie aus, das Reich Gottes zu verkünden und (die Kranken) zu heilen.

Dabei gab er ihnen die Weisung: 'Nehmt nichts mit auf den Weg, weder einen Stock noch einen Ranzen, weder Brot noch Geld; auch sollt ihr nicht jeder zwei Röcke haben! Wo ihr in ein Haus eingetreten seid, dort bleibt und von dort zieht weiter! Und wo man euch nicht aufnimmt, da geht aus einer solchen Stadt weg und schüttelt den Staub von euren Füßen ab zum Zeugnis wider sie!'

So machten sie sich denn auf den Weg und wanderten von Dorf zu Dorf, indem sie überall die Heilsbotschaft verkündeten und Heilungen vollführten.

Lukas 24, 49

Und Jesus sprach zu ihnen: Und wisset wohl: Ich sende das Verheißungsgut meines Vaters auf euch herab.

Markus 16, 15 - 18

Darauf sagte Jesus zu ihnen: 'Geht hin in alle Welt und verkündigt die Heilsbotschaft der ganzen Schöpfung! Wer da gläubig geworden ist und sich hat taufen lassen, wird gerettet werden; wer aber ungläubig geblieben ist, wird verurteilt werden.

Denen aber, die zum Glauben gekommen sind, werden diese Wunderzeichen folgen:

in meinem Namen werden sie böse Geister austreiben, in neuen Zungen reden, werden Schlangen aufheben und, wenn sie etwas Todbringendes trinken, wird es ihnen nicht schaden; Kranken werden sie die Hände auflegen, und sie werden gesund werden.'

Matthäus 28, 16 – 20

Die elf Jünger aber begaben sich nach Galiläa auf den Berg, wohin Jesus sie beschieden hatte; und als sie ihn erblickten, warfen sie sich vor ihm nieder; einige aber hegten Zweifel.

Da trat Jesus herzu und redete sie mit den Worten an: 'Mir ist alle Gewalt im Himmel und auf Erden verliehen. Darum gehet hin und macht alle Völker zu (meinen) Jüngern: tauft sie auf den Namen des Vaters, des Sohnes und des heiligen Geistes und lehrt sie alles halten, was ich euch geboten habe. Und wisset wohl: Ich bin bei euch alle Tage bis ans Ende der Weltzeit!'

Markus 6, 12 - 13

So machten sie sich denn auf den Weg und predigten, man solle Buße tun; sie trieben auch viele böse Geister aus, salbten viele Kranke mit Öl und heilten sie.

Markus 16, 20

Sie aber zogen aus und predigten überall, wobei der Herr mitwirkte und das Wort durch die Zeichen bestätigte, die dabei geschahen.

Apostelgeschichte 1, 8

Jesus spricht: 'Ihr werdet jedoch Kraft empfangen, wenn der heilige Geist auf euch kommt, und ihr werdet Zeugen für mich sein in Jerusalem und in ganz Judäa und Samaria und bis ans Ende der Erde.'

1. Korinther 6, 19

Oder wisst ihr nicht, dass euer Leib ein Tempel des heiligen Geistes ist, der in euch wirkt und den ihr von Gott habt, und dass ihr nicht euch selbst gehört?

Heilungswunder
durch die Apostel

Heilung eines Gelähmten durch Petrus

Apostelgeschichte 3, 1 – 16

Petrus und Johannes aber gingen (eines Tages) zusammen um die neunte Stunde, die Gebetsstunde, in den Tempel hinauf. Da wurde (gerade) ein Mann herbeigetragen, der von seiner Geburt an lahm war und den man täglich an das sogenannte Schöne Tor des Tempels hinsetzte, damit er sich dort Almosen von den Besuchern des Tempels erbitte.

Als dieser nun Petrus und Johannes sah, die in den Tempel hineingehen wollten, bat er sie um ein Almosen. Da sah Petrus samt Johannes ihn scharf an und sagte: 'Sieh uns an!'

Jener blickte sie nun aufmerksam an in der Erwartung, eine Gabe von ihnen zu erhalten. Petrus aber sagte: 'Silber und Gold besitze ich nicht; was ich aber habe, das gebe ich dir: Im Namen Jesu Christi von Nazareth: Gehe umher!'

Dann faßte er ihn bei der rechten Hand und richtete ihn auf; da wurden seine Füße und Knöchel augenblicklich fest; er sprang auf, konnte stehen, ging umher und trat mit ihnen in den Tempel ein, indem er umherging und sprang und Gott pries.

So sahen ihn denn alle Leute, wie er umherging und Gott pries; sie erkannten in ihm auch den Mann, der sonst, um Almosen zu erbitten, am Schönen Tore des Tempels gesessen hatte, und wurden voller Staunen und Verwunderung wegen der Heilung, die an ihm vorgegangen war.

Da er sich aber fest zu Petrus und Johannes hielt, strömte das gesamte Volk zu ihnen bei der sogenannten Halle Salomos zusammen, außer sich vor Staunen.

Als Petrus das sah, richtete er folgende Ansprache an das Volk: 'Ihr Männer von Israel, was wundert ihr euch über diesen Mann, oder was seht ihr uns so erstaunt an, als hätten wir durch eigene Kraft oder Frömmigkeit bewirkt, daß er umhergehen kann? Nein, der Gott Abrahams, Isaaks und Jakobs, der Gott unserer Väter, hat seinen Knecht Jesus verherrlicht, den ihr (den Heiden) ausgeliefert und vor Pilatus verleugnet habt, als dieser seine Freigebung beschlossen hatte; da habt ihr den Heiligen und Gerechten verleugnet und die Begnadigung eines Mörders verlangt, dagegen den Fürsten des Lebens hinrichten lassen. Diesen hat Gott von den Toten auferweckt: dafür sind wir Zeugen! Und auf Grund des Glaubens an seinen Namen hat sein Name diesem Manne hier, den ihr seht und kennt, jetzt Kraft verliehen, und der durch Jesus (in uns) gewirkte Glaube hat ihm vor euer aller Augen diese seine gesunden Glieder geschenkt.'

Unbestimmte Zahl von Heilungen durch Petrus in Jerusalem

Apostelgeschichte 5, 12 – 16

Durch die Hände der Apostel aber geschahen viele Zeichen und Wunder unter dem Volke, und alle (Gläubigen) pflegten sich einmütig in der Halle Salomos zu versammeln; von den übrigen aber wagte sich niemand dort störend an sie heranzudrängen, sondern das Volk hielt sie hoch in Ehren.

Und immer mehr kamen solche hinzu, die an den Herrn glaubten, ganze Scharen von Männern und Frauen; ja man brachte die Kranken sogar auf die Straßen hinaus und legte sie dort auf Betten und Bahren, damit, wenn Petrus käme, wenigstens sein Schatten auf den einen oder andern von ihnen fiele. Aber auch aus den rings um Jerusalem liegenden Ortschaften strömte die Bevölkerung zusammen und brachte Kranke und von unreinen Geistern Geplagte dorthin, die dann alle geheilt wurden.

Heilung von vielen Besessenen, Gelähmten und Verkrüppelten durch Philippus in Samarien

Apostelgeschichte 8, 6 - 8

Die Volksmenge zeigte sich allgemein für die Predigt des Philippus empfänglich, indem sie ihm zuhörten und die Zeichen sahen, die er tat; denn aus vielen fuhren die unreinen Geister, von denen sie besessen waren, mit lautem Geschrei aus, und zahlreiche Gelähmte und Verkrüppelte wurden geheilt. Darüber herrschte in jener Stadt große Freude.

Heilung des erblindeten Saulus

Apostelgeschichte 9, 17 – 19

Da machte sich Ananias auf den Weg, ging in das Haus und legte ihm die Hände auf mit den Worten: 'Bruder Saul, der Herr hat mich gesandt, Jesus, der dir auf dem Wege hierher erschienen ist: du sollst wieder sehen können und mit heiligem Geist erfüllt werden.'

Da fiel es ihm sogleich von den Augen ab wie Schuppen: er konnte wieder sehen, stand auf und ließ sich taufen; dann nahm er auch Nahrung zu sich und kam wieder zu Kräften.

Auferweckung der Tabita

Apostelgeschichte 9, 36 – 42

In Joppe aber lebte eine Jüngerin namens Tabitha, das heißt auf deutsch ›Gazelle‹; die tat außerordentlich viel Gutes und spendete reichlich Almosen. Gerade in jenen Tagen aber begab es sich, daß sie krank wurde und starb. Man wusch sie also und bahrte sie in einem Obergemach auf.

Weil nun Lydda nahe bei Joppe liegt, sandten die Jünger auf die Nachricht, daß Petrus dort sei, zwei Männer an ihn ab und ließen ihn bitten: 'Komm doch unverzüglich zu uns herüber!'

Da machte sich Petrus auf den Weg und ging mit ihnen. Nach seiner Ankunft führte man ihn in das Obergemach hinauf; da traten alle Witwen weinend zu ihm und zeigten ihm die Röcke und Oberkleider, welche die Gazelle angefertigt hatte, als sie noch bei ihnen war.

Petrus ließ nun alle aus dem Zimmer hinausgehen, kniete nieder und betete; dann wandte er sich der Toten zu und sagte: "Tabitha, stehe auf!'

Da schlug sie die Augen auf, und als sie Petrus erblickte, setzte sie sich aufrecht hin. Er reichte ihr nun die Hand und half ihr auf; dann rief er die Heiligen und die Witwen herbei und stellte sie lebend vor sie hin.

Das wurde in ganz Joppe bekannt, und viele kamen zum Glauben an den Herrn.

Heilung eines Gelähmten in Lystra

Apostelgeschichte 14, 8 – 10

Nun wohnte da in Lystra ein Mann, der keine Kraft in seinen Beinen hatte; er war von Geburt an lahm und hatte noch niemals gehen können.

Dieser hörte der Predigt des Paulus zu; und als dieser ihn fest ansah und erkannte, daß er den Glauben hatte, der zu seiner Heilung nötig war, rief er ihm mit lauter Stimme zu: 'Stelle dich aufrecht auf deine Füße hin!'

Da sprang er auf und ging umher.

Krankenheilungen in Ephesus

Apostelgeschichte 19, 11 - 12

Auch ungewöhnliche Wunder ließ Gott durch die Hände des Paulus geschehen, so daß man sogar Schweißtücher oder Schürzen, die er (bei der Arbeit) an seinem Leibe getragen hatte, zu den Kranken brachte, worauf dann die Krankheiten von ihnen wichen und die bösen Geister ausfuhren.

Auferweckung des Eutychus durch Paulus

Apostelgeschichte 20, 7 – 12

Als wir uns nun am ersten Tage nach dem Sabbat versammelt hatten, um das Brot zu brechen, besprach sich Paulus mit ihnen, weil er am folgenden Tage abreisen wollte, und dehnte die Unterredung bis Mitternacht aus. Zahlreiche Lampen brannten in dem Obergemach, in dem wir versammelt waren.

Da wurde ein Jüngling namens Eutychus, der im (offenen) Fenster saß, von tiefem Schlaf überwältigt, weil Paulus so lange fortredete; er stürzte dann im Schlaf vom dritten Stockwerk hinab und wurde tot aufgehoben.

Paulus aber ging hinunter, warf sich über ihn, schlang die Arme um ihn und sagte: 'Beunruhigt euch nicht! Seine Seele ist (wieder) in ihm.'

Als er dann wieder hinaufgegangen war und das Brot gebrochen hatte, nahm er einen Imbiß und unterredete sich noch lange weiter mit ihnen, bis der Tag anbrach; dann erst machte er sich auf den Weg.

Den Knaben aber hatte man lebend weggetragen, wodurch alle sich nicht wenig getröstet fühlten.

Heilung des Vaters des Publius
und anderer Kranker auf Malta

Apostelgeschichte 28, 8 – 9

Der Vater des Publius aber lag gerade an Fieberanfällen und an der Ruhr krank darnieder. Paulus ging nun zu ihm ins Zimmer, legte ihm unter Gebet die Hände auf und machte ihn dadurch gesund. Infolgedessen kamen auch die anderen Inselbewohner, die an Krankheiten litten, zu ihm und ließen sich heilen.

Dämonenaustreibung
im Namen Jesu
durch einen Nicht-Jünger

Lukas 9, 49 – 50

Da nahm Johannes das Wort und sagte: 'Meister, wir haben jemand gesehen, der mit deinem Namen böse Geister austrieb, und haben es ihm untersagt, weil er dir nicht mit uns nachfolgt.'

Jesus aber erwiderte ihm: 'Untersagt es ihm nicht! Denn wer nicht gegen euch ist, der ist für euch.'

Markus 9, 38 – 41

Da sagte Johannes zu ihm: 'Meister, wir haben einen, der nicht mit uns dir nachfolgt, unter Anwendung deines Namens böse Geister austreiben sehen und haben es ihm untersagt, weil er uns nicht nachfolgt.'

Jesus aber erwiderte ihm: 'Untersagt es ihm nicht; denn so leicht wird niemand, der ein Wunder unter Benutzung meines Namens vollführt, dazu kommen, Böses von mir zu reden. Denn wer nicht gegen uns ist, der ist für uns (10). – Denn wenn jemand euch im Hinblick darauf, daß ihr Christus angehört, auch nur einen Becher Wasser zu trinken gibt, – wahrlich ich sage euch: Es wird ihm nicht unbelohnt bleiben!' (11)

Die Kraft Gottes,
die durch Jesus wirkte

Johannes 5, 19

Daher sprach sich Jesus ihnen gegenüber so aus: 'Wahrlich, wahrlich ich sage euch: der Sohn vermag von sich selber aus nichts zu tun, als was er den Vater tun sieht; denn was jener tut, das tut in gleicher Weise auch der Sohn.

Johannes 8, 28

Da sprach Jesus zu ihnen: 'Wenn ihr den Sohn des Mensch erhöht haben werdet, dann werdet ihr erkennen, dass Ich es bin und nichts von mir selbst tue, sondern wie der Vater mich gelehrt hat, das rede ich.'

Johannes 14, 10

'Glaubst du nicht, dass ich im Vater bin und der Vater in mit ist? Die Worte, die ich zu euch rede, rede ich nicht von mir selbst; der Vater, der in mir bleibt, tut Seine Werke.'

1. Johannes 4, 4 - 6

Ihr seid aus Gott, Kindlein, und habt sie überwunden, weil *der, welcher in euch (wirksam) ist, stärker ist als der in der Welt.*

Sie stammen aus der Welt; deshalb reden sie aus der Welt heraus, und die Welt hört auf sie.

Wir aber sind aus Gott; wer Gott (er)kennt, der hört auf uns; wer nicht aus Gott ist, hört nicht auf uns. Daran erkennen wir den Geist der Wahrheit und den Geist der Täuschung.

Der Glaube,
der Berge versetzt

Markus 11, 22 - 25

Wahrlich, ich sage euch: Wer zu dem Berge dort sagt: ›Hebe dich empor und stürze dich ins Meer!‹ und in seinem Herzen nicht zweifelt, sondern glaubt, daß das, was er ausspricht, in Erfüllung geht, dem wird es auch erfüllt werden.

Darum sage ich euch: Bei allem, was ihr im Gebet erbittet – glaubt nur, daß ihr es (tatsächlich) empfangen habt, so wird es euch zuteil werden. Und wenn ihr dasteht und beten wollt, so vergebt (zunächst), wenn ihr etwas gegen jemand habt, damit auch euer himmlischer Vater euch eure Übertretungen vergebe (12).

Jakobus 2, 20

Willst du wohl einsehen, du gedankenloser Mensch, daß der Glaube ohne die Werke unnütz ist?

Der Glaube erst wird durch die Werke zur Vollendung gebracht ist

Römer 10, 17

Mithin kommt der Glaube aus der Botschaft, die Predigt aber (erfolgt) durch Christi Wort.

Hebräer 11, 1

Es ist aber der Glaube ein zuversichtliches Vertrauen auf das, was man hofft, ein festes Überzeugtsein von Dingen, die man (mit Augen) nicht sieht.

Matthäus 9, 29

Nach eurem Glauben geschehe euch!

Johannes 7, 37 - 38

 Jesus da und rief laut aus: 'Wen da dürstet, der komme zu mir und trinke! Wer an mich glaubt, aus dessen Leibe werden, wie die Schrift gesagt hat (13), Ströme lebendigen Wassers fließen.' Damit meinte er aber den Geist, den die, welche zum Glauben an ihn gekommen waren, empfangen sollten; denn der (heilige) Geist war noch nicht da, weil Jesus noch nicht zur Herrlichkeit erhoben worden war.

Hebräer 3, 14

 Denn wir sind Teilhaber des Chrsilus geworden, wenn wir die anfängliche Zuversicht bis zum Ende standhaft festhalten.

Epheser 3, 20

 Ihm aber sei Ehre, der über alles hinaus zu tun vermag, über die Maßen mehr, als wir erbitten oder erdenken, *gemäß der Kraft, die in uns wirkt*.

*Wir,
die Arbeiter im Namen
Jesu Christi*

*

*Eine Botschaft –
nicht nur an die Apostel,
sondern auch an uns*

Matthäus 9, 36 - 38

Beim Anblick der Volksscharen aber erfaßte ihn tiefes Mitleid mit ihnen, denn sie waren abgehetzt und verwahrlost wie Schafe, die keinen Hirten haben (14).

Da sagte er zu seinen Jüngern: 'Die Ernte ist groß, aber die Zahl der Arbeiter ist klein; bittet daher den Herrn der Ernte, daß er Arbeiter auf sein Erntefeld sende!'

Lukas 10, 1 - 9

Hierauf aber bestellte der Herr noch siebzig andere (Jünger) und sandte sie paarweise vor sich her in alle Städte und Ortschaften, in die er selbst zu gehen gedachte.

Er sagte zu ihnen: 'Die Ernte ist groß, aber klein die Zahl der Arbeiter; darum bittet den Herrn der Ernte, daß er Arbeiter auf sein Erntefeld sende! Geht hin! Seht, ich sende euch wie Lämmer mitten unter Wölfe.

Nehmt keinen Geldbeutel mit euch, auch keinen Ranzen und keine Schuhe, und laßt euch unterwegs mit niemand in lange Begrüßungen ein.

Wo ihr in ein Haus eintretet, da sagt zuerst: ›Friede (sei) mit diesem Hause!‹ Wenn dann dort ein Sohn des Friedens wohnt, wird der Friede, den ihr ihm gewünscht habt, auf ihm ruhen; andernfalls wird euer Friedensgruß zu euch zurückkehren.

In demselben Hause bleibt dann und eßt und trinkt, was man euch bietet; denn der Arbeiter ist seines Lohnes wert.

Geht nicht aus einem Hause weg in ein anderes; und wo ihr in einer Stadt einkehrt und man euch aufnimmt, so eßt, was man euch vorsetzt, und heilt die Kranken daselbst und sagt zu den Stadtbewohnern: ›Das Reich Gottes ist nahe zu euch herbeigekommen!‹

Wo ihr aber in einer Stadt einkehrt und man euch nicht aufnimmt, so geht auf ihre Straßen hinaus und sagt: ›Sogar den Staub, der sich uns aus eurer Stadt an die Füße gehängt hat, wischen wir ab, damit er euch verbleibt, doch das sollt ihr wissen, daß das Reich Gottes nahe herbeigekommen ist!‹

Die Verheißung
der Gebetserhörung

Johannes 14, 12 - 13

Wahrlich, wahrlich ich sage euch:

Wer an mich glaubt, wird die Werke, die ich tue, auch vollbringen, ja er wird noch größere als diese vollbringen; denn ich gehe zum Vater, und alles, um was ihr (dann) in meinem Namen bitten werdet, das werde ich tun, damit der Vater im Sohn verherrlicht werde.

Matthäus 16, 19

Ich will dir die Schlüssel des Himmelreiches geben, und was du auf der Erde bindest, das soll auch im Himmel gebunden sein, und was du auf der Erde lösest, das soll auch im Himmel gelöst sein.

*Mahnungen an die Leser
zu einem ihrer Berufung
würdigen Wandel*

Epheser 4, 1 - 6

So ermahne ich euch denn, ich, der Gefangene im Herrn:

Wandelt würdig der Berufung, die an euch ergangen ist, mit aller Demut und Sanftmut, mit Geduld als solche, die einander in Liebe ertragen, und seid eifrig bemüht, die Einheit des Geistes durch das Band des Friedens zu erhalten: ein Leib und ein Geist, wie ihr ja auch bei eurer Berufung aufgrund einer Hoffnung berufen worden seid; ein Herr, ein Glaube, eine Taufe; ein Gott und Vater aller, der da ist über allen und durch alle (wirkt) und in allen (wohnt).

Ermahnungen bezüglich des Verhaltens untereinander

Epheser 4, 25 - 32

Darum leget die Lüge ab und 'redet die Wahrheit, ein jeder mit seinem Nächsten' (15); wir sind ja untereinander Glieder (desselben Leibes). –

'Zürnet ihr, so sündiget dabei nicht' (16); laßt die Sonne über eurem Zorn nicht untergehen und gebt dem Verleumder keinen Raum! –

Der Dieb stehle fortan nicht mehr, sondern arbeite vielmehr angestrengt und erwerbe mit seiner Hände Arbeit das Gute, damit er imstande ist, den Notleidenden zu unterstützen.

Laßt keine faule Rede aus eurem Munde hervorgehen, sondern nur eine solche, die da, wo es nottut, zur Erbauung dient, damit sie den Hörern Segen bringe. Und betrübt nicht den heiligen Geist Gottes, mit dem ihr auf den Tag der Erlösung versiegelt seid. –

Alle Bitterkeit, aller Zorn und Groll, alles Schreien und Schmähen sei aus eurer Mitte weggetan, überhaupt alles boshafte Wesen. Zeigt euch vielmehr gütig und herzlich gegeneinander, und vergebt einer dem andern, wie auch Gott euch in Christus vergeben hat!

Johannes 16, 33

Dies habe ich zu euch geredet, damit ihr in mir Frieden habet.

In der Welt habt ihr Bedrängnis; doch seid getrost: ich habe die Welt überwunden!

Anhang und Register

(1) Jesaja 40, 3

(2) Jesaja 53, 4 - 7

(3) Matthäus 7, 29

(4) Jesaja 53, 4

(5) 3. Mose 13 - 49; 14, 2 - 32

(6) Lukas 13, 28 - 29

(7) Matthäus 22, 16

(8) 1.Könige 17, 23

(9) Matthäus 10, 6

(10) Matthäus 12, 30; Lukas 11, 23

(11) Matthäus 10, 42

(12) Matthäus 6, 14

(13) Joel 4, 18; Sacharia 14, 8; Hesekiel 47, 1 - 12

(14) 4. Mose 27, 17; Hesekiel 34, 1 - 6

(15) Sacharia 8, 16

(16) Psalm 4, 5

Die Menge Bibel

Menge aber übersetzte die Bibel in der Absicht, Gott zu finden. Und Gott ließ sich finden: allmählich öffnete der Geist Gottes ihm die Geheimnisse der Schrift. Und in diesem Prozess entstand eine ganze Übersetzung. Die Übersetzung ist sozusagen das Ergebnis von 17 Jahren ununterbrochener stiller Zeit. Es ist die Freude über die Schrift, Teil von Menges Anbetung. Und das, denke ich, macht diese Übersetzung so einzigartig.

(Quelle: Die Menge-Bibel: Einleitung und Biografie)

Dank und Inspiration

Zu diesem wundervollen Projekt wurde ich durch die

Internationale Schule des Dienstes

inspiriert, an welcher ich zum Zeitpunkt der Entstehung dieses Buches gerade begann zu studieren.

Schon die Lektionen des ersten Semesters haben mich so berührt und mich im tiefsten Innern angesprochen, sodass ich in kürzester Zeit diese Arbeit vollenden konnte, die praktisch einen Teil des Stoffes des zweiten Kurses des ersten Semesters ausmacht.

Die ISDD Bibelschule lehrt in vielen verschiedenen Sprachen und baut auf inspirierende Lehrer und Prediger aus allen Kontinenten. Diese Schule bietet jedem Gläubigen, doch auch jedem Suchenden, nicht nur einen Leitfaden, sondern auch ein tiefes Verständnis dessen, was der wahre Glaube an unseren Herrn Jesus Christus wirklich ausmacht, was er beinhaltet und wozu er befähigt.

Möge Gott noch viele Menschen durch die ISDD in ihrem Glauben festigen und sie Jesus Christus in ihren Herzen finden lassen.

Internationale
Schule des Dienstes

ISDD BIBELSCHULE

www.isddbibelschule.de

Zur Autorin:

www.antonia-katharina.de

www.bolonka-zucht.de

www.light-in-time.com

Youtube Kanal:

Antonia Katharina
aus dem Alten Jagdhaus

Die biblischen Bücher
als Einzelausgabe im Großdruck

inklusive Übersetzungsalternativen aus
unterschiedlichen Quellen

Warum Einzelausgaben der biblischen Bücher? Der Grund ist so einfach wie praktisch: Die Bibel hat auf Grund ihres vollen Umfangs, selbst bei großformatigen Ausgaben, zumeist eine sehr kleine Schrift und ist demnach entsprechend schwer zu lesen. Möchte man zudem die Bibel gerne mitnehmen, um unterwegs zu lesen, entscheidet man sich schnell dagegen, solch ein schweres Buch den ganzen Tag mit sich umherzutragen.

Einzelne Bücher der Bibel erlauben dagegen eine für die Augen angenehme Schriftgröße und erleichtern somit das Lesen erheblich. An Stelle eines umfangreichen, schweren Buches ist es nun möglich, einen Text Ihrer Wahl in leicht tragbarer Ausführung mitzunehmen. So kann die Bibel einfach unterwegs gelesen werden. Mit anderen Worten: Luther hat die Bibel zugänglich gemacht, diese Version macht sie mühelos lesbar. Zudem eignen sich die einzelnen Bücher hervorragend als Einstieg in die Bibel sowie als Geschenk; nicht nur für Menschen, welche die biblische Heilsbotschaft bereits erreicht hat, sondern auch für alle, die sich noch nicht an die Heilige Schrift heranwagten oder sich von dem Gesamtumfang der Bibel möglicherweise überfordert fühlen.

Die Botschaft der Bibel kann eine große Hilfe und Stütze sein, Zuversicht schenken, Hoffnung machen und uns trösten, gerade in einer Zeit, in der wir des Trosts so sehr bedürfen.

Wer den Weg nach Hause sucht, der soll wissen, dass er offen steht. Dieser Weg wird in der Heiligen Schrift gewiesen. Mit der Entscheidung, sich für die Botschaft der Bibel zu öffnen und diesen Weg zu gehen, haben unzählige Menschen seit Jahrhunderten ihr Heil gefunden. Und das bis zum heutigen Tag.

Übersetzung nach Martin Luther, 1545

Schriftsatz, Layout, Formatierung:
Antonia Katharina Tessnow

www.antonia-katharina.de

Dieses Projekt liegt
in deutscher und englischer Sprache vor

Die Tierliebe Jesu

Christliche Inspirationen
aus dem
Evangelium des vollkommenen Lebens

Dieses Buch liegt
in deutscher und englischer Sprache vor

Jesus Christus lehrte nicht nur die Liebe für unsere menschlichen Brüder und Schwestern, sondern auch für unsere treuen, liebevollen und empfindsamen Begleiter, die Tiere.

Die Auszüge aus dem Evangelium Jesu, auch bekannt unter dem Titel

'Das Evangelium des Ewigen Lebens'

gibt einen tiefen Einblick in das Gebot unseres Heilandes, unseren Brüdern und Schwestern, den Tieren, liebevoll zu begegnen und voll Mitgefühl mit ihnen umzugehen. Für jeden, der hofft, Orientierung zu finden sicheren Schrittes durch sein Leben zu gehen, lohnt es sich, sein Leben an den Lehren Jesu zu orientieren.

Ein kleiner Anhang gibt zudem ein paar Einblicke in die Philosophie anderer Religionen und Schriftsteller, die sich ebenfalls anrührend und klar zu ihrer Tierliebe bekennen.

Zeichen und Wunder
in der Bibel

Zeugnisse aus dem
Alten und Neuen Testament

Jesus blickte sie an und sagte:
'Bei den Menschen ist es unmöglich,
nicht aber bei Gott;
denn bei Gott ist alles möglich.'

Markus 10, 27

***

Hier findet jeder Suchende eine vollständige Zusammenstellung aller Wunder aus der Bibel.

Möge dieses kleine Büchlein jedem Menschen Zuversicht, Hoffnung und den festen Glauben daran schenken, dass bei Gott tatsächlich alle Dinge möglich sind.

***

Ich danke dem HERRN
von ganzem Herzen
und verkünde alle deine Wunder.

Psalm 9, 2

Die Botschaft der Tiere

Der Weg zurück zu uns selbst

Ein Wegweiser durch unsere Zeit

Es ist ganz und gar möglich, den Weg nach Hause zu finden. Wir brauchen nicht zu warten, bis wir diese Welt verlassen und zurück in unsere Seelenheimat gehen, um in den ewigen Gefilden Frieden und Liebe zu erleben. Wir können uns unser Zuhause, das Paradies, auch hier auf der Erde, auf diesem Planeten erschaffen. Es ist tatsächlich möglich, uns in ein neues, anderes Bewusstsein hineinzuentwickeln, von dem nicht nur die heiligen Schriften und die Erleuchteten im Laufe unserer Erdgeschichte berichtet haben, sondern von dem uns auch die Tiere erzählen, indem sie es uns Tag für Tag vorleben.

Wir Menschen können noch umkehren. Wir müssen diese Welt nicht zerstören. Es muss nicht alles so weitergehen wie bisher. Es ist möglich, den Weg zurück ins Paradies zu finden, doch können ihn uns nur diejenigen weisen, die ihn kennen.

Wenn wir den Tieren erlauben, uns den Weg zu weisen, werden wir ihn finden. Wenn wir ihre Botschaft ernstnehmen, sie verinnerlichen und versuchen, sie zu entschlüsseln, werden wir sie verstehen. Die Tiere haben das Paradies nie verlassen. Wer, wenn nicht sie, könnten uns diesen Weg weisen?

Der Hund - Das unbekannte Wesen

Was Sie tun können,
damit Ihr Hunde Sie liebt

*Ein Leitfaden zur Eingewöhnung
des Hundes in ein neues Heim*

Celtic Spirit

*Eine Reise in die Tiefen
zeitloser keltischer Weisheit*

Madras

Zauber der Palmblätter

Dieses Buch
liegt in deutscher und englischer Fassung vor.

HAIR

Alles über alternative Haarpflege

Sternenstaub am Horizont

oder

Breakable - Zerbrechlich

der Fall

zwischen Selbstwert und Vernichtung

Breakable - Zerbrechlich

Der Skandalroman aus Mecklenburg

Nichts geschieht umsonst auf dieser Welt

der Fall

Breakable - Zerbrechlich

die Anhänge

Tattoo – Laser – Cover Up

Wenn der Traum zum Albtraum wird

Weiß Du,
was Du mit Dir trägst?

*Eine Entscheidungshilfe
für Tattoo und Motiv*

Stille Nacht, Heilige Nacht

Erinnerungen an einen Heiligen Abend
in den letzten Tagen des zweiten Weltkriegs

eine Kurzgeschichte

Diese Geschichte
liegt in deutscher und Englischer Fassung vor.

Winston

Eine Pferdebuch-Trilogie für Jugendliche

*Der große Sammelband
mit allen 3 Bänden*

Ein Fohlen erblickt die Welt

Die große Show

Nichts ist unmöglich